ধনী হওয়ার
55 অব্যর্থ মন্ত্র

এম. কে. মজুমদার

ডায়মণ্ড বুক্স

প্রকাশক : ফ্যুজন বুকস্
X-30, ওখলা ইণ্ডাস্ট্রিয়াল এরিয়া, ফেজ-2
নূতন দিল্লী-110 020

ফ্যাক্স : 011-40712200
ই-মেল : sales@diamondpublication.com
ওয়েবসাইট : www.diamondbook.in

Printed by : Repro (India)

AMIR BANNE KE 55 ACHUK MANTRA (BENGALI)

by : M.K. Majumdar

আমার কথা

টাকা-পয়সা, সোনা-রূপো, গয়না-পোশাক, ব্যাঙ্ক ব্যালান্স, প্রপার্টি, গাড়ী, ফ্ল্যাট কার না ভালো লাগে? এই সমস্ত কিছুই ধনী হওয়ার প্রতীক। যে কোন মানুষ ধনী হতে চায়... কিন্তু সকলে ধনী হতে পারে না।

মানুষ কেন ধনী হতে পারে না? মাঝে-মধ্যে ধনী হওয়া নিয়ে গবেষণা করে বেশ কিছু বিষয় জানা গেছে। সব চেয়ে বড় কথা হল, মানুষ ধনী তো হতে চায়... কিন্তু ধনী হওয়ার জন্য চেষ্টা করে না। সমাজশাস্ত্রী শিবমণীর মতানুসার, ধনী হওয়ার জন্য বেশীর ভাগ লোক শর্টকাট পথ গ্রহণ করে। যার ফলে তারা ধনী হতে পারে না।

ন্যুরো-ইকোনামিক্স বিশেষজ্ঞ ডাঃ মেলর সামরের মতানুসার, অনেক লোক ধনী হওয়ার জন্য সোনা বানানোর চেষ্টায় পরশ পাথর খুঁজতে থাকে। এই খোঁজার চেষ্টায় মানুষের সময় নষ্ট হয়ে যায় এবং সে ধনী হতে পারে না। শিক্ষাবিদ মার্ক টেলারের মতে ধনী হওয়ার জন্য কিছু লোক অন্ধকারের দুনিয়াতে পথ হারিয়ে ফেলে। তাদের কাছে সম্পর্কের গুরুত্ব পর্যন্ত হারিয়ে যায়। ভাই ভাইয়ের, বাবা ছেলের বা ছেলে বাবার, স্বামী স্ত্রীর বা স্ত্রী স্বামীর হত্যা পর্যন্ত করে দেয়।

অপরাধ বিশেষজ্ঞ জে. এম. কনওয়েলের মতে ধনী হওয়ার জন্য যে শুধু যে ব্লু কালার *(মেহনত-মজদুরী করতে থাকা বা অশিক্ষিত লোক)*-য়ের লোকেরাই ক্রাইম করে তাই নয়... হোয়াইট কালার *(শিক্ষিত ব্যক্তি)*-য়ের লোকেরাও প্রতারণা, লোক ঠকানো, ঘুষ নেওয়ার মত ক্রাইম করে থাকে।

মনোবৈজ্ঞানিক ম্যালভিন হ্যাটউইক বলেছেন, পৃথিবীতে বহু লোক আছে... যারা এমনটা ভাবে যে, পয়সা হাতের ময়লা – আসে এবং চলে যায়। তাই তারা অর্থ সঞ্চয় করে না, কোন-না-কোন অজুহাতে অর্থের অপচয় করে এবং তারা কখনই ধনী হতে পারে না। কিছু লোক এমনও আছে, যারা পয়সাকে প্রয়োজনের তুলনায় বেশী ভালোবাসে... কখনোই নিজের থেকে অর্থকে আলাদা করতে চায় না। এই ধরণের লোকেদের কখনই ধনী বলে আখ্যা দেওয়া যায় না।

মনোবৈজ্ঞানিক হ্যালী শেজর দীর্ঘ দিন ধরে *'অর্থ এবং মনোবিজ্ঞান'*-য়ের ওপরে গবেষণা করেছেন। তাঁর মতে, এমন বহু লোক আছে... যারা এমনটা মনে করে যে, অর্থ হচ্ছে ভগবানের দান। ভগবানের প্রতি বিশ্বাসই তাদের কাছে সব চেয়ে বড় ব্যাপার। তাই তারা ধনী হতে পারে না। আবার এমন কিছু লোক আছে... যারা এমনটা ভাবে যে, যদি তাদের ভাগ্যে অর্থ প্রাপ্তি থাকে, তবে তারা পথ চলতে গিয়েও পয়সা পাবে। তারা রাস্তায় পড়ে থাকা টাকা-পয়সার স্বপ্নেই জীবন কাটিয়ে দেয়। এমন লোকেদেরও অভাব নেই... যারা ভাবে যে, এক-না-একদিন তারা সোনার পরীর জাদুকাঠি বা আলাদিনের আশ্চর্য প্রদীপ পেয়ে যাবে... যা ঘোরালেই অর্থের স্তুপ লেগে যাবে।

মনোবৈজ্ঞানিক কুমার মনোজের মতে ধনী হওয়ার জন্য কঠোর পরিশ্রম করতে হবে এবং মন-প্রাণ দিয়ে চেষ্টা চালিয়ে যেতে হবে। যতক্ষন না আপনি ধনী হওয়ার জন্য কঠোর পরিশ্রম করছেন, তখন পর্যন্ত আপনি ধনী হতে পারবেন না।

ধনী হওয়ার ব্যাপারে পৃথিবীর মহান লোকেরা নিজেদের মতন করে বহু মতামত দিয়েছেন। তাদের মতামতগুলিকে একত্রিত করে আমি পুস্তকের আকারে আপনাদের সামনে তুলে ধরছি। আজ পর্যন্ত বাজারে এই বিষয়ে যত বই এসেছে, সেগুলো সবই বিদেশের পরিবেশে লেখা হয়েছে। এই বইটিই সর্বপ্রথম ভারতের পরিবেশের কথা মাথায় রেখে লেখা হয়েছে। বইটি পড়ার পর আপনারা বুঝতে পারবেন যে, এখনও পর্যন্ত আপনারা কেন ধনী হতে পারেননি... কোথায় ভুল হয়েছে... কোন্ বিষয়টা হাত থেকে বেরিয়ে গেছে... কোথায় ঘাটতি থেকে গেছে – এই সমস্ত বিষয়গুলি নিজের মধ্যে খুঁজতে পারেন। নিজের ঘাটতি দূর করতে পারেন।

আশা করি, এই পুস্তকে লেখা বিচার-বিবেচনাগুলি মন দিয়ে পড়ার পরে আপনার ভেতরে অবশ্যই ধনী

কৃতজ্ঞতা স্বীকার

বিল গেস্ট্স, জেরিমী কোলিয়র, ডক্টর উইলিয়াম ম্যাথ্যুজ, বুল্ভর লিটন, রিচার্ড সি. ট্রেঞ্চ, ডিজরায়ল, উইলিয়াম হার্ট, সাইরস, কল্পনা সেন শর্মা, স্টার্নর, জন মিল্টন, এডওয়ার্ড বি. বাট্লর, সর্ভেন্টীজ, ধীরুভাই অম্বানী, লক্ষ্মী মিত্তল, বিড়লা, করসন ভাই প্যাটেল, নারায়ণমূর্তি, হেলেনা রুবিন্স্টীন, থমাস ইলিয়ট, জন ডি. রকফেলর, সফোক্লীজ, বব ডিলন, গারফীল্ড, র‍্যাল্ফ ওয়াল্ডো এমার্সন, জন এঞ্জিলো, স্যাম পিত্রোদা, ওয়াল্টেয়র, শেক্সপীয়ার, বেঞ্জামিন ফ্যাঙ্কলিন, স্বেট মার্টিন, বারট্রেণ্ড রসেল, নেপোলিয়ান হিল্স, আজীম প্রেম জী, রতন টাটা, সুনীল মিওল, অমিতাভ বচ্চন, ডেবিড জে. শ্বাটর্জ, মিল্টন, জর্জ বার্নাডি শ', হেলেনা রুবিন্স্টীন, কার্ডিলন, বুকর টি. ওয়াশিংটন, হেনরী ডেভিড, রাঘবেন্দ্র রাঠোর, ওবামা, দাদী বলসারা, ও. জে. সিম্পসন, বেলী, এমারসন, থমাস এডিসন, জে. এ্যাণ্ড্রুজ, হেনরী স্ল্যুস্টর, লর্ড স্যাস্টরফীল্ড, জে. বি. হাল্ডেন, চার্লস ডারউইন, কার্লিস, সিগমণ্ড ফ্রয়েড, ওপরা উইনফ্রে, হেনরী ওয়ার্ডসওয়ার্থ, জে. এ্যাণ্ড্রুজ, এ্যালবার্ট ভন জেন্ট গ্যোগী, সেনেকা, এ্যালবার্ট হাবার্ড, মেরী ক্যুরী, আর্নেস্ট হেমিংওয়ে, প্লেটো, হেন্স সেন্সে, ভার্জিল, নেপোলিয়ান, আব্রাহাম লিংকন, রবার্ট জে. ম্যাকেন, টেরেন্স, জন ভানামেকর, জোসেফ কানর‍্যাড, এর্টোন ব্রাউন, শ্যামক ডাভর, থমাস জে. পীর্টস, সিসেরো, আর্ল অফ্ চেস্টারফীল্ড, কেলভিন কুলিজ, স্যার হাম্পী ডেভী, ওডোর পার্কর, বেকন, চার্লস বক্সটন, ইরীনা বরার, ডিকেন্স, পেট্রিক, এম. হেনরী, জন এঞ্জিলা, এম. এল. ক্লীম্যান্স, মাও-সে-তুং, রবার্ট হীপ, মাইকেল হ্যান্সন, ডেনিয়াল ওয়েবস্টর, হোরেস, স্যার রজার ব্যানিস্টর, সর্ভেন্টিস।

নাম অন্তর্ভুক্ত করতে পারেন। বইটি বেশ কয়েক বার পড়ুন। বইতে 55-টি সূত্র দেওয়া আছে এবং সঞ্চয় করার ব্যাপারেও তথ্য প্রদান করা হয়েছে। প্রতিটা সূত্র নজর দিয়ে দেখুন এবং ধনী হওয়ার জন্য পা বাড়িয়ে দিন। আপনার বিশ্বাসপূর্ণ পদক্ষেপ আপনাকে শূণ্য থেকে শিখরে পৌঁছে দেবে।

– এম. কে. মজুমদার

email - apornamanoj@gmail.com,
apekshamanoj@gmail.com

বিষয়-সূচী

1

চিন্তাধারা তৈরী করুন

ধনী হওয়ার জন্য সর্বপ্রথম প্রয়োজন, ধনী হওয়ার ব্যাপারে চিন্তা করা। আমি ধনী হতে চাই... আমাকে ধনী হতেই হবে... আমি ধনী ব্যক্তি হয়ে তবে ছাড়ব। মনে-মনে এই ধরণের কথাগুলি চিন্তা না করলে শূণ্য থেকে শিখর পর্যন্ত পৌঁছনো সম্ভব নয়। যতক্ষন না আপনি ধনী হওয়ার কথা ভাববেন, ততক্ষন পর্যন্ত আপনি কি ভাবে ধনী হবেন ?

সর্বদা এগিয়ে যেতে থাকলে এবং বিশ্বাস করলে কঠিনতা দূর হয়ে যায় এবং যা অসম্ভব বলে মনে হয়, তা নষ্ট হয়ে যায়।

– জেরিমী কোলিয়ার

যদি ধনী হতে চান, তবে মনে-মনে ধনী হওয়ার কথা ভাবতে হবে। যতক্ষন না ধনী হওয়ার চিন্তা আসবে, ততক্ষন আপনি ধনী হতে পারবেন না। মনে ধনী হওয়ার জন্য ইচ্ছা সৃষ্টি করুন। মনে ধনী হওয়ার জন্য পাগলামী তৈরী করুন... তবেই আপনি ধনী হতে পারবেন।

আজ পর্যন্ত যত লোক ধনী হতে পেরেছে, তারা সকলেই আগে মনে-মনে ধনী হওয়ার কথা চিন্তা করে নিয়েছে... তারপরেই তারা ধনী হতে পেরেছে। স্যাম ওয়াল্টন পৃথিবীর সব থেকে ধনী ব্যক্তিদের নামের তালিকায় নিজের নাম অন্তর্ভুক্ত করতে পেরেছেন। তিনি সাত বছর বয়সে খবরের কাগজ বিক্রী করতেন এবং খরগোশ আর পায়রা পালন করে নিজের জীবিকা নির্বাহিন করতেন। তা সত্ত্বেও তিনি ধনী হওয়ার কথা ভাবেন এবং ধনী হতে পারেন। ধীরুভাই অম্বানী বেশী পড়াশোনা

জানতেন না। তাঁর কাছে বেশী পুঁজিও ছিল না। তা সত্ত্বেও তিনি ধনী হওয়ার কথা ভাবেন এবং ধনী হতে পেরেছিলেন। এর কারণ হল, তাঁর ভেতরে ধনী হওয়ার চিন্তা... যার ফলে তিনি ধনী হতে পেরেছিলেন।

ধনী হতে হলে ধনী হওয়ার কথা ভাবতে হবে। যতক্ষন না ধনী হওয়ার কথা ভাববেন, ততক্ষন পর্যন্ত ধনী হতে পারবেন না। যদি মনে-মনে ভাবেন যে, আমি গরীব... আমি ধনী হতে পারব না – তবে আপনি ওখানেই থেকে যাবেন। কারণ আপনি গরীব হওয়ার কথা ভেবেছেন। আপনার চিন্তাই গরীব হয়ে থাকার। যতক্ষন না মনের মধ্যে ধনী হওয়ার ইচ্ছা, বাতিক, পাগলামী আনবেন... ততক্ষন পর্যন্ত আপনি ধনী হতে পারবেন না। যেদিন আপনার মনে এই চিন্তা আসবে, সেদিন আপনি ধনী হতে পারবেন। নেপোলিয়ন হিল্‌সের মতে, ব্যক্তির চিন্তাই তাকে ধনী আর দরিদ্র করে তোলে। যে যেমন চিন্তা করবে, সে তেমনিই থেকে যাবে।

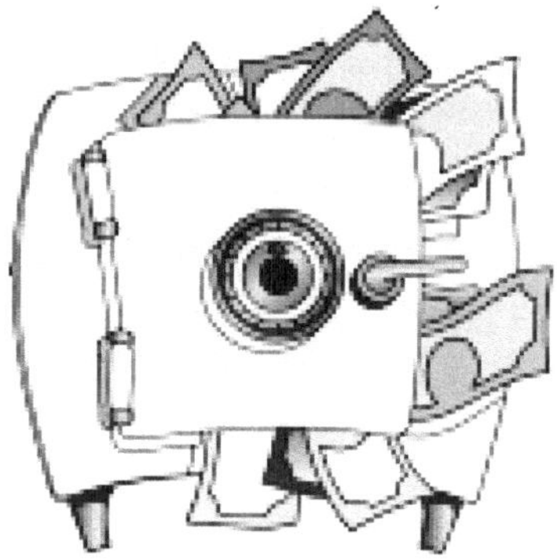

শূণ্য থেকে শিখরে পৌঁছনোর জন্য নিজের চিন্তায় পরিবর্তন নিয়ে আসুন। আপনার চিন্তা বদলালেই আপনি গরীব থেকে ধনী হতে পারবেন। দারিদ্রতাকে দুর্বলতা করে তুলবেন না। দারিদ্রতা ভুলে ধনী হওয়ার কথা ভাবুন। রাস্তায় চলতে গিয়ে এমন বহু লোকের সাথে পরিচয় হবে, যারা বলবে – ধনী হওয়া খুবই কঠিন কাজ। এমন ধরণের লোকেরা কখনোই ধনী হতে পারবে না। কারণ তারা ধনী হওয়ার কথা ভাবেই না। যতক্ষন না আপনার চিন্তা বড় হবে, ততক্ষন পর্যন্ত আপনি বড় হতে

পারবেন না। বড় হওয়ার জন্য বড় চিন্তা থাকা খুবই জরুরী। এই চিন্তাই আপনাকে ধনী করে তোলে। আপনি ধনী হতে পারবেন না – এই কথাটা কখনোই মনে আনবেন না।

মনে-মনে ধনী হওয়ার কথা ভাবুন। *'চিন্তা করুন আর ধনী হয়ে উঠুন'* – এই গ্রন্থের লেখক নেপোলিয়ন হিল্স লিখেছেন – বেশীর ভাগ লোক নিজদের চিন্তার কারণেই ধনী হতে পারে না... কারণ তারা সর্বদাই নিজেদের খারাপ চিন্তা করে। যদি কেউ খারাপ কথা ভাবে, তবে তার ভালো হবে কোথা থেকে? বড়-বড় কথা ভাবুন... ভালো কথা ভাবুন... খুব ভালো কথা ভাবুন... ধনী হওয়ার কথা ভাবুন। তারপর দেখুন আপনি কি ভাবে ধনী না হয়ে থাকেন। ধনী হওয়ার চিন্তাই ধনী বানিয়ে দেয়। যে ধনী হওয়ার কথা ভাবে, সে ধনী হতে পারে। গরীব হয়ে থাকার কথা ভাবলে গরীবই হয়ে থাকবেন। আজ এই মুহূর্তে ধনী হওয়ার কথা ভাবুন। আপনি যদি ধনী হওয়ার কথা ভাবেন, তবে আপনি অবশ্যই ধনী হতে পারবেন। তখন আপনাকে ধনী হওয়া থেকে আর কেউ-ই বাধা দিতে পারবে না।

পাওয়ার টিপস্ – আপনি কেন সফল নন... কারণ আপনি অপরকে সফল বলে মনে করেন। নিজের চিন্তা বদলান আর ধনী হয়ে উঠুন।

2

সূত্রপাত

ধনী হওয়ার জন্য প্রথম পদক্ষেপ ফেলা যতটা কষ্টের, ধনী হওয়া ততটা সমস্যার হয় না। লোকেরা চিন্তাই করতে থাকে, কিন্তু ধনী হওয়ার জন্য চেষ্টা শুরু করে না। যতক্ষন না কোন জিনিস শুরু করা হচ্ছে, ততক্ষন পর্যন্ত তা পাওয়া সম্ভব নয়। ধনী হওয়ার জন্য চেষ্টা শুরু করুন... তবেই আপনি ধনী হতে পারবেন। ধনী হওয়ার জন্য আজ এখন থেকেই চেষ্টা শুরু করুন...!

প্রত্যেক দশ জন মানুষের মধ্যে ন' জন ব্যক্তি পরিকল্পনাই বানাতে থাকে। তাদের চিন্তা-ভাবনা বিরাট আকারের হলেও তারা কিছু করে উঠতে পারে না। তাদের কার্যক্ষমতা নেই বা তারা যোগ্য নয়, এমনটা নয়... কিন্তু তাদের সব চেয়ে বড় দুর্বলতা হল, তারা পরিকল্পনাকে কার্যে পরিণত করে উঠতে পারে না! এই কারণেই অসফল লোকের সংখ্যা সব চেয়ে বেশী।

– ডাঃ উইলিয়াম ম্যাথ্যুজ

উজ্জ্বল মনুষ্যত্বের জন্য সঞ্চিত যৌবনের শব্দকোষে 'অসফল' বলে কোন শব্দই নেই।

– বুল্ভর লিটন

মানুষকে ভেবে নিতে হবে যে, সে কি করবে... তারপর শীঘ্রই তা শুরু করা উচিত।

– সুকরাত

সফল হও! তৈরী থাকো, কোমর বাঁধো যে, এবার তোমার সময় আসবে। তুমি পথে পড়ে থাকবে না। নির্মাতাদের তোমার প্রয়োজন পড়বে।

– রিচার্ড সি. ট্রেঞ্চ

নির্ণয় নাও! তার আগে আজকের কথা ভাবো, কালকের কথা ভাবো আর তোমার আশপাশের কথা ভাবো! এই গণ্ডীর মধ্যে যখন তোমার নিজের নির্ণয় ঠিক বলে মনে হবে, তখন তাকে গুরুত্ব দাও।

– ডিজরায়ল

যখন কোন ব্যক্তি কোন কাজ কি ভাবে শুরু করা উচিত, তা নিয়ে দ্বিধাগ্রস্ত থাকে... তখন সে কোন কিছুই করে উঠতে পারে না।

– উইলিয়াম হর্ট

মানুষ চাঁদে পৌঁছনোর চেস্টা করেছিল বলেই চাঁদে পৌঁছতে পেরেছে। যদি মানুষ চাঁদে যাওয়ার জন্য চেস্টা না করত, তবে আজও চাঁদ আমাদের কাছে চরখা কাটা বুড়ীর রাজত্ব হয়েই থাকত। বিল গেট্স কম্প্যুটার তৈরী করে পৃথিবীর সব চেয়ে ধনী ব্যক্তি হয়ে উঠেছেন। উনি কম্প্যুটার বানানো শুরু না করলে আজ দুনিয়ার সব চেয়ে ধনী ব্যক্তি হতে পারতেন না। তিনি তখন কম্প্যুটার বানাতে শুরু করেছিলেন, যখন কম্প্যুটারের কোন চাহিদাই ছিল না। তা সত্ত্বেও বিল গেটস্ কম্প্যুটার নির্মাণ করতে শুরু করেছিলেন। বিল গেট্স কম্প্যুটারের মধ্যে নিজের ভবিষ্যৎ দেখতে পেয়েছিলেন। উনি কম্প্যুটার তৈরী করতে শুরু করেন আর ধনী হয়ে ওঠেন। ছোটবেলায় আপনারা সকলেই হয়তো কাঠবেড়াল আর কাকের গল্প শুনেছেন। কাঠবেড়াল আর কাক জমি চাষ করে তাতে ফসল ফলাবে বলে ঠিক করে। কাঠবেড়াল সময় মত ক্ষেতে পৌঁছে যায়, বীজ বপন করে আর ফসলের রক্ষণাবেক্ষন করে। ফসল পাকার পর তা কেটে বাড়ী নিয়ে আসে। অন্য দিকে কাক গাছের ডালের ওপর বসে ঠাণ্ডা জল পান করতে থাকে। এই কথা বলার কারণ হল, যদি আপনি শিখরে পৌঁছতে চান, তবে চড়তে শুরু করুন। যদি চড়তে শুরু না করেন, তবে কি ভাবে শিখরে পৌঁছবেন। আপনি যদি মনে-মনে ধনী হবেন বলে ঠিকই করে নিয়েছেন, তবে আর দেরী কিসের? আজ, এখন থেকেই ধনী হওয়ার জন্য চেস্টা করা শুরু করে দিন।

ইংরাজীতে একটা প্রবাদবাক্য আছে। *'উইল বিগান হাফ ডান'* অর্থাৎ কোন কাজ শুরু করার অর্থ হল সেটা অর্ধেক কম্প্লীট হয়ে পড়া। এই কথাটা ডায়রীতে নোট করে রাখুন যে, এই তারিখে-এই দিনে-এতটা সময় থেকে আমি ধনী হওয়ার চেষ্টা শুরু করে দিয়েছি। তারপর আপনি যা কাজ করবেন... সব ধনী হওয়ার জন্যই করবেন। আপনার প্রত্যেকটা মুহূর্ত মূল্যবান হয়ে উঠবে। আপনার প্রতিটা মুহূর্ত মূন্যবান হয়ে উঠলে কেউ আপনাকে ধনী হওয়া থেকে আটকাতে পারবে না। কারণ আপনি ধনী হতে শুরু করে দিয়েছেন। এমনটা ধরে নিন যে, আপনি অর্দ্ধেক পথ পার করে ফেলেছেন... এখন শুধুমাত্র অর্দ্ধেক রাস্তাই বাকী।

পাওয়ার টিপস্ – ধনী হতে শুরু করুন! তারপর দেখবেন যে, আপনার ধনী হওয়ার পথে কেউ বাধা সৃষ্টি করতে পারছে না।

3

স্বপ্ন দেখা

ধনী হওয়ার জন্য স্বপ্ন দেখা খুবই জরুরী। স্বপ্ন দেখা মানে বাস্তবের প্রথম সিঁড়ি চড়া। স্বপ্ন না দেখলে তা সম্পূর্ণ করার কথা ভাবতেও পারবেন না। যদি ধনী হতে চান, তবে আজ থেকেই ধনী হওয়ার স্বপ্ন দেখতে শুরু করুন!

যার কাছে স্বপ্ন নেই, তার কাছে কিছুই নেই।

– ***সাইরস***

আপনি স্বপ্ন দেখুন আর সেটাকে বাস্তবায়িত করার জন্য মন-প্রাণ এক করে দিন... তবেই তো আপনি সফল হবেন।

– ***কল্পনা সেন শর্মা***

পৃথিবীতে যে ব্যক্তির কাছে ধন-দৌলত থাকে না, সে গরীব নয়... বরং সেই ব্যক্তি গরীব, যার চোখে কোন স্বপ্ন থাকে না। আপনি ধনী নন তো কি হয়েছে... ধনী হওয়ার স্বপ্ন তো দেখতেই পারেন! মানুষের সব চেয়ে বড় গুণ হল ইচ্ছা। এই ইচ্ছার কারণেই তার ভেতরে বিচারশক্তি জন্ম নেয়। এই বিচারকেই স্বপ্ন বলা হয়। প্রত্যেক ব্যক্তির স্বপ্ন দেখা উচিত! স্বপ্ন দেখা খুবই প্রয়োজন... কারণ যদি আপনি স্বপ্নই না দেখেন, তবে তা সম্পূর্ণ করবেন কি ভাবে? ধনী ব্যক্তির ধনী হওয়ার পেছনে সব চেয়ে বড় কারণ হল, তারা ধনী হওয়ার স্বপ্ন দেখে।

ফিল্ম অভিনেতা আশুতোষ রাণা স্বপ্ন সম্পর্কে বেশ সুন্দর কথা বলেনছন। তাঁর মতে – স্বপ্ন দেখা খারাপ নয়, স্বপ্ন না দেখলে তা

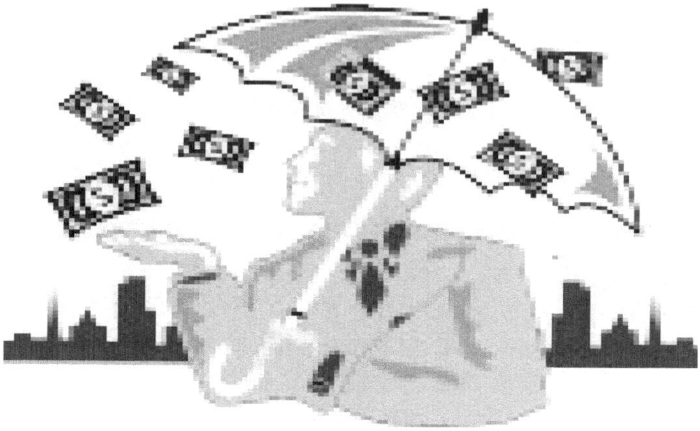

সম্পূর্ণ হবে কি করে? কিন্তু স্বপ্ন দেখার জন্য *'শুতে'* হয় আর তা বাস্তবায়িত করার জন্য *'উঠতে'* হয়। *'শোওয়া'* অর্থাৎ *'বিচার'* আর *'জাগা'* অর্থাৎ *'কর্ম'*।

প্রাক্তন রাষ্ট্রপতি এ. পি. জে. আব্দুল কালামের মতে, ঘুমিয়ে স্বপ্ন দেখো না! এমন ভাবে দেখো, যাতে তা সম্পূর্ণ করার জন্য চোখের ঘুম উধাও হয়ে যায়। আজীম প্রেম জী-র মতে, স্বপ্ন দেখা জরুরী... কারণ আমরা কোন জিনিস হওয়ার আগেই তা সম্পূর্ণ হতে দেখতে পাই। যতক্ষন না আপনি স্বপ্ন দেখছেন, ততক্ষন বাস্তবটাকে কি ভাবে দেখতে পাবেন? স্বপ্ন ভবিষতের আয়না... স্বপ্ন দেখুন। এতে প্রচুর শক্তি থাকে। শামক ডাবরের মতে, আমি বিশ্বাস করতাম যে, স্বপ্ন সম্পূর্ণ হয়... কিন্তু সব কিছুর একটা সময় আছে। কিছু জিনিস শীঘ্র পাওয়া যায়, তো কিছু জিনিস পেতে সময় লাগে।

জে. আর. ডি. টাটা দেশকে উন্নত করে তোলার স্বপ্ন দেখেছিলেন। হেনরী ফোর্ড এমন গাড়ী বানানোর স্বপ্ন দেখেছিলেন, যার উৎপাদন আর উপযোগিতা বড় মাপের হতে পারে। অমিতাভ বচচন সুপার স্টার হওয়ার স্বপ্ন দেখেছিলেন... প্রিয়াঙ্কা চোপড়া বিশ্বসুন্দরী হওয়ার স্বপ্ন দেখেছিলেন... কল্পনা চাওলা অন্তরীক্ষে যাওয়ার স্বপ্ন দেখেছিলেন...

শচীন তেণ্ডুলকার সফল ক্রিকেটার হওয়ার স্বপ্ন দেখেছিলেন... কিরণ বেদী সর্বপ্রথম মহিলা আই. পি. এস. হওয়ার স্বপ্ন দেখেছিলেন আর তাঁরা প্রত্যেকেই সফল হয়েছেন। আজ পর্যন্ত যত লোক সফল হয়েছেন, তাঁরা প্রত্যেকেই স্বপ্ন দেখেছিলেন বলেই সফল হতে পারছেন। স্বপ্ন আর সফলতার মধ্যে প্রকৃত সম্পর্ক আছে। যে কোন সফলতা, স্বপ্নের ওপরেই টিঁকে থাকে। স্বপ্নই মানুষকে সফলতার শিখরে পৌঁছে দেয়। আপনি কি ধরণের স্বপ্ন দেখবেন, তা আপনার ওপর নির্ভর করছে। স্বপ্ন ছোট হলে আপনি উঁচুতে পৌঁছতে পারবেন না। আপনি যত উঁচু স্বপ্ন দেখবেন, ততটাই উঁচুতে পৌঁছতে পারবেন।

সর্বদা বড়-বড় স্বপ্ন দেখা উচিত। বড় স্বপ্নই শিখরে নিয়ে যায়। যদি শিখরে পৌঁছতে হয়স তবে বড় স্বপ্ন দেখতেই হবে।

যদি আপনি আপনার স্বপ্ন বাস্তবায়িত করতে চান, তবে নিজের মস্তিস্কে ধনী হওয়ার মডেল প্রস্তুত করুন। নিশ্চয়ই শুনেছেন যে, আজ পর্যন্ত যত আবিস্কার হয়েছে... বৈজ্ঞানিকরা সবার প্রথমে নিজেদের মস্তিস্কে একটা মডেল তৈরী করেছেন। এই মডেল তৈরী করতে-করতে একদিন সেটা আবিস্কার হয়ে পড়েছে। সেই রকম আপনিও ধনী হওয়ার জন্য একটা স্বপ্ন প্রস্তুত করুন। এই স্বপ্ন পূরণ করতে-করতে একদিন আপনিও বিল গেট্স, মুকেশ অম্বানী, আজীম প্রেম জী প্রমুখদের সারিতে নিজের নাম লেখাতে পারবেন।

পাওয়ার টিপস্ ঃ স্বপ্নের বীজ বাজারে বিক্রী হয় না। স্বপ্ন নিজের ভেতরে বপন করতে হয়।

●

4

লক্ষ্য নির্দ্ধারিত করুন

যদি ধনী হতে চান, তবে লক্ষ্য নির্দ্ধারণ করুন। লক্ষ্য নির্দ্ধারণ না করলে ধনী হওয়া যায় না। ধনী হওয়াকেই নিজের জীবনের একমাত্র লক্ষ্য করে তুলুন, যাতে আপনার চোখের সামনে উঠতে-বসতে, শুতে-জাগতে শুধু *'ধনী'* হওয়ার লক্ষ্যই থাকে। দৃঢ়তার সাথে নিজের লক্ষ্য বজায় রাখুন। দেখবেন একদিন আপনি অবশ্যই ধনী হতে পারবেন!

ব্যক্তির সামনে একটাই লক্ষ্য থাকা উচিত। সেই লক্ষ্য পূরণ না হওয়া পর্যন্ত অন্য কোন দিকে মনোযোগ দেওয়া উচিত না। রাত-দিন (স্বপ্নে পর্যন্ত) সেটা নিয়েই বিভোর থাকা উচিত... তবেই কোন কার্যে সফলতা পাওয়া সম্ভব।

– স্বামী বিবেকানন্দ

তারাই নিজেদের পেশায় সফল হয়, যারা বুদ্ধিমত্তার সাথে পরামর্শ করে দৃঢ় সংকল্পী হতে পারে- তারপর গৌরবময় হয়ে, ছোট-খাটো বাধার ভয় না পেয়ে নিজের লক্ষ্যের দিকে এগিয়ে চলে।

– উইলিয়াম হর্ট

আমরা হাঁটুর ওপরে ভর দিয়ে দাঁড়িয়ে আছি বলেই মহান ব্যক্তিদের আমাদের মহান লাগে।

– সর্টনর

যদি মানুষ লক্ষ্য বানিয়ে তা ভুলে না যায়, তবে সে প্রচুর বাধা-বিপত্তি সত্ত্বেও সফল হতে পারে।

– জন মিল্টন

প্রত্যেকটা মানুষ কোন-না-কোন সময় উৎসাহ দেখায়। কেউ ত্রিশ মিনিটের জন্য উৎসাহ দেখায়, তো কেউ ত্রিশ দিনের জন্য উৎসাহ দেখায়। কিন্তু জীবনে সেই ব্যক্তিই সফল হতে পারে, যে ত্রিশ বছরের জন্য উৎসাহিত হতে পারে।

– এডওয়ার্ড বি. বাট্লর

বিখ্যাত সাহিত্যিক রাজেন্দ্র যাদবের মতে, এম. এ.-তে প্রথম বিভাগে উত্তীর্ণ হওয়ার পর আমি কলেজে পড়াবার প্রস্তাব পাই। আমি সেই প্রস্তাব প্রত্যাখান করি... কারণ আমি আগে থেকেই লেখক

হব বলে ঠিক করে নিয়েছিলাম। আপনিও নিজের লক্ষ্যকে হারিয়ে ফেলবেন না। এই ব্যাপারে আপনার মধ্যে কোন রকম দ্বন্দ্ব থাকলেই আপনার প্রয়াস বাধা পাবে। দ্বন্দ্ব থাকার মানে আপনি নিজের লক্ষ্য সম্পর্কে সম্পূর্ণ রূপে নিশ্চিত নন। লক্ষ্য ঠিক না হলে আপনি সেখানে পৌঁছবেন কি ভাবে? আপনি সবার প্রথমে লক্ষ্য নির্দ্ধারণ করুন। যতক্ষন না আপনার লক্ষ্য নির্দ্ধারিত হচ্ছে, ততক্ষন আপনি সফলতা পেতে পারেন না। লক্ষ্যের প্রতি নজর স্হির রাখুন। এই ব্যাপারে আমার একটা কথা মনে পড়ছে–

একদিন গুরু দ্রোনাচার্য তাঁর শিষ্যদের ধনুর্বিদ্যা শেখাচ্ছিলেন। তাঁদের মধ্যে অর্জুনও ছিলেন। গুরু দ্রোনাচার্য সকলকেই গাছে বসে থাকা একটা

পাখীর চোখকে ভেদ করতে বলেন। সকলেই প্রস্তুত হয়ে পড়লেন। লক্ষ্যভেদ করার আগে গুরু দ্রোনাচার্য সকলকেই জিজ্ঞাসা করলেন – *"তুমি গাছে কি দেখতে পাচ্ছো?"* অর্জুন ছাড়া সকলেই বললেন – *"গাছের ওপর একটা পাখী দেখতে পাচ্ছি।"* কিন্তু অর্জুনকে জিজ্ঞাসা করা হলে তিনি বললেন – *"আমি পাখীর চোখ দেখতে পাচ্ছি।"* এই কথা বলার অর্থ হল, লক্ষ্য সর্বদা অর্জুনের মতন উচিত... যাতে পাখী নয়, শুধুমাত্র পাখীর চোখই নজরে আসে।

যখন ধনী হওয়ার লক্ষ্য নির্দ্ধারণ করবেন, তখন এটা খেয়াল রাখবেন – *'ধনী হতে হবে'* – এমন লক্ষ্য নির্দ্ধারণ করলে চলবে না... বরং তার জন্য একটা নির্দ্দিষ্ট টাকার কথা ভেবে নিন আর সেটা পাওয়ার লক্ষ্য নির্দ্ধারণ করুন। একটা নির্দ্দিষ্ট টাকা – এক লাখ... দু লাখ... পাঁচ লাখ... দশ লাখ... এক কোটি... একশো কোটি... দুশো কোটি... হাজার কোটি – যা হোক কিছু একটা হতে পারে। টাকার অঙ্ক নিদ্ধারিত না করে লক্ষ্য বানাবেন না। টাকার অঙ্ক নিদ্ধারিত করতে পারলেই আপনি সেটা পাওয়ার জন্য লক্ষ্য নির্দ্ধারণ করতে পারবেন। *'ধনী হতে হবে'* – শুধুমাত্র এই লক্ষ্যই ঠিক লক্ষ্য নয়। পরিমাণ নির্দ্দিষ্ট করাই প্রকৃত লক্ষ্য। এই ব্যাপারে দৃঢ়তা রাখুন – আপনি এক-না-একদিন অবশ্যই ধনী হতে পারবেন।

পাওয়ার টিপস্ – একবার লক্ষ্য নির্দ্ধারণ করার পর আপনাকে দৌড়তেও হবে না... আপনি হারিয়েও যাবেন না। তখন তার জন্য পরিশ্রম করাই সব চেয়ে জরুরী।

●

5

আজ

ধনী হওয়ার জন্য আজ থেকেই চেষ্টা করা শুরু করুন। যা করবেন, তা আজই করুন... কাল কিছু হবে না। কালের সময়, কোন বার, কোন তিথি নেই। কাল কখনোই আসে না। আজই হচ্ছে সব চেয়ে বড় সত্য। আজই শাশ্বত, আজই শুরু। কাল মানে যা চলে গেছে, যা শেষ হয়ে গেছে। যে কাল আসছে, সেই কালকে কেউ দেখেনি।

সামান্য সুযোগের পেছনে অনেক সময় বড়-বড় আশা লুকিয়ে থাকে। কখনোই দেরী করা উচিত নয় আর যদি সেই পরিকল্পনাকে পিছিয়ে দেওয়া হয়, তবে তার মানে সেটাকে নষ্ট করা।

– সর্ভেন্টীজ

বড় কথা ভাবুন, শীঘ্র ভাবুন, সকলের আগে ভাবুন। বিচারের ওপর কারো কোন আধিপত্য থাকে না।

– ধীরুভাই অম্বানী

এমনটা বলা – যখন সকলে করবে, তখন আমি করব... কাজ করার অজুহাত চাই, তাই আমি করি... যখন অপরের কাছে এটা ঠিক বলে মনে হবে, তখন আমিও করব – এগুলোই করার পথ।

– মহাত্মা গান্ধী

চার্লস ক্যাডরিন *'জেনারেল মোটর্স রিসার্চ কর্পোরেশন'*-য়ের ভাইস প্রেসিডেন্ট ছিলেন। তিনি দীর্ঘ সময় ধরে চাবি ঘুরিয়ে যে মোটর গাড়ী স্টার্ট করা যায়, তা বানানোর কাজে নিযুক্ত ছিলেন। শুরুতে গাড়ীগুলি 'জেড' আকারের হ্যাণ্ডেল ঘুরিয়ে স্টার্ট হত। চার্লস যখন হ্যাণ্ডেলের পরিবর্তে

একটা ছোট্ট চাবি দিয়ে স্টার্ট করার কথা ভাবলেন আর সেটার ওপরে রিসার্চ করলেন, তখন অনেকে অনেক রকম কথা বলে। লোকেরা মনে করে, এত বড় গাড়ী একটা ছোট্ট চাবি দিয়ে কি ভাবে স্টার্ট হতে পারে ? ! কিন্তু তিনি তাঁর চিন্তাকে ফলপ্রসূ করে দেখান। একটা ছোট্ট চাবি দিয়েই মোটর গাড়ী স্টার্ট হতে থাকে। আজকাল তো চাবির পরিবর্তে একটা বাটন অর্থাৎ সেল্ফের মাধ্যমেও গাড়ী স্টার্ট হচ্ছে। এই সমস্ত মিরাকেল চার্লস ক্যাডরিনের, যিনি একটা ছোট্ট চাবি দিয়ে মোটর গাড়ী স্টার্ট করার কথা ভেবেছিলেন এবং সেই মুহূর্তেই সেই নিয়ে গবেষণা শুরু করেছিলেন।

যখন চার্লসকে তাঁর সফলতার পেছনের রহস্যের ব্যাপারে প্রশ্ন করা হয়, তখন তিনি বলেন – *"আমি একটা পাথরের টুকরো পেয়েছিলাম... যার ওপরে 'আজ' লেখা ছিল। সেই 'আজ'-ই আমার বিশ্বাসের প্রতীক... আমার সফলতার চাবিকাঠি। সেই পাথরটা দেখে আমার ভেতর এই বিশ্বাস জাগে যে, আমি আমার কাজে সফল হব! তাই সম্পূর্ণ মনোযোগ দিয়ে আমি কাজ করতে থাকি... চেষ্টা চালিয়ে যাই... আমি অতীতের দিকে ফিরে তাকাইনি। আগামী কালকে কখনোই গুরুত্ব দিইনি। আজ... শুধু আজ আর শুধু আজের ওপরেই সমস্ত মনোযোগ কেন্দ্রীভূত করে রেখেছি। আর 'আজ' আমি সফল।"*

'আজ নয় কাল' – এই ধাঁধার মধ্যে থাকবেন না। এই গণ্ডীতে আবদ্ধ হয়ে গেলে জীবনও গণ্ডীবদ্ধ হয়ে যাবে। শীঘ্র নিজের চিন্তাকে দৃঢ় এবং ইতিবাচক করে তুলুন আর নিজের লক্ষ্যের দিকে ঝাঁপিয়ে পড়ুন। সফলতা আপনার সামনেই থাকবে আর আপনার স্বপ্ন বাস্তবে রূপান্তরিত হয়ে পড়বে। দেরী করবেন না, কালকের অপেক্ষায় কিছু রেখে দেবেন না... আজ থেকেই শুরু করে দিন। প্রতিটা কাজকে আজই সম্পূর্ণ

করার লক্ষ্য প্রস্তুত করুন। আপনারা নিশ্চয়ই একটা প্রবাদ শুনে থাকবেন – *"কাল কখনোই আসে না"*। তাহলে কালকের অপেক্ষা কেন? যে কাজ কাল করবেন, সেটা আজ করুন... যে কাজ আজ করবে, সেটা এখনই করুন – এটাই জীবনের লক্ষ্য হওয়া উচিত। যে কালকের আপেক্ষা করে, সে কালকের নয়... কালের অপেক্ষা করে অর্থাৎ সে শেষ হয়ে যায়।

বন্ধু, কালকের ওপরে ভরসা করলে ধনী হতে পারবেন না। যদি ধনী হতে চান, তবে আজকের ওপরে বিশ্বাস করতে হবে। আজ-কে নিয়েই বাঁচতে হবে। যেসব চলে গেছে, সেসবকে ভুলে যান। আজ যা আছে, তাকে মনে রাখুন। যা করতে চান, তা আজই করুন। আগামী কাল *'আজ'* হয়েই আপনার সামনে আসে। যদি ধনী হতে চান, তবে কোন কাজই কালকের আশায় রাখবেন না। *'কাল করব'* – এটা এক ধরণের অপরাধ হয়... যার শাস্তি অনুতাপের রূপে প্রাপ্ত হয়।

পাওয়ার টিপস্ – কাল কে দেখেছে?... তাহলে কালকের অপেক্ষা কেন? সকলেই জানে যে, কাল কখনোই আসে না। কাল সর্বদা কালই থেকে যায়! আজ শুধুমাত্র আজই হয়।

6

ভয়

ধনী হতে চাইলে মনে ভয়কে স্থান দেবেন না। মনে কোন ধরণের ভয়ের সৃষ্টি হলে আপনি ধনী হতে পারবেন না। ভয়ের অপর নাম হল ব্যর্থতা। মনে ভয় উৎপন্ন হওয়ার মানে ব্যর্থতার দিকে এগিয়ে যাওয়া। মনে ভয় না থাকলে সাহস থাকবে আর আপনি সাহসের সাথে যে কোন কাজ করতে পারবেন। তবেই আপনি ধনী হতে পারবেন। দারিদ্রতার ভয় ধনী হতে বাধা দেয়। এতেও ভয় পাবেন না। এই ব্যাপারে পেরিক্লীজ বলেন, দারিদ্রতা অসহ্য হলে তা লজ্জার কথা... কিন্তু নিজের কার্যের দ্বারা কি ভাবে সেটা দূর করা যায়, সেটা না জানা আরও লজ্জার কথা!

চিন্তা করো না! – ***ডিজরায়ল***

প্রত্যেক ঘটনার ইতিবাচক দিকটা দেখার অভ্যাস হাজার পাউণ্ডের থেকেও অনেক বেশী মূল্যবান! – ***হেলেনা রুবিন্‌স্টীন***

সফলতা সম্পূর্ণ রূপে আমাদের নিয়ন্ত্রণ-যোগ্যতা এবং ব্যক্তিদের অনুশাসন করার শক্তির নির্ভর করে। – ***মহাত্মা গান্ধী***

দারিদ্রতা মানুষকে লজ্জায় ফেলে, লজ্জা পরাক্রম নষ্ট করে। পরাক্রম না থাকার ফলে অপমানিত হতে হয়... অপমানিত হলে দুঃখ আসে... দুঃখ শোকের জন্ম দেয়... শোক বুদ্ধিকে নষ্ট করে ফেলে আর বুদ্ধি না থাকলে নাশ হয়ে যায়! দারিদ্রতাই সমস্ত বিপত্তির কারণ।

– ***হিতোপদেশ***

দু ধরণের মানুষ সাধারণতঃ জীবনে অসফল থেকে যায়। এক প্রকার – যারা ভাবে, কিন্তু সেই কার্যকে রূপ দিতে পারে না এবং আরেক প্রকার হল, যারা কার্যকে একটা রূপ তো দিয়ে দেয়... কিন্তু চিন্তা করে না।

– থমাস ইলিয়ট

নেপোলিয়ন হিলের মতে – ভয় হচ্ছে সব থেকে বড় শত্রু... যা ধনী হওয়ার পথে বাধার সৃষ্টি করে। এই ভয় যুক্তি শক্তিকে নিষ্ক্রিয় করে দেয়... কল্পনা শক্তিকে নষ্ট করে দেয়... আত্মবিশ্বাসকে মেরে ফেলে... উৎসাহকে দুর্বল করে তোলে... কোন কিছু শুরু করার শক্তিকে হতোৎসাহিত করে দেয়... লক্ষ্যকে অনিশ্চিত করে তোলে... টালমাটালকে উৎসাহ প্রদান করে... আত্মনিয়ন্ত্রণের সম্ভাবনাকে নষ্ট করে দেয়... সঠিক চিন্তা করার শক্তিকে নষ্ট করে দেয়... চেষ্টার একাগ্রতাকে ভঙ্গ করে... মনোযোগিতার ওপর চেপে বসে... ইচ্ছাশক্তিকে শূণ্য করে দেয়... উচ্চাকাংখাকে নষ্ট করে দেয়... স্মরণশক্তিকে ধোঁয়াশা করে দেয় এবং প্রতিটি রূপেই ব্যর্থতাকে আমন্ত্রণ জানায়।

শপনেরের মতে – *"আমরা সর্বদাই এই কথা ভাবি যে, আমাদের কাছে কি নেই? আমাদের কাছে কি আছে, তা নিয়ে আমরা খুবই কম*

ভাবি। দারিদ্রতার ভয় সব চেয়ে বড় ধ্বংসাত্মক হয়। এই ভয় আপনাকে জিততে হবে। এই ভয়ে পীড়িত ব্যক্তি ভালো পোশাক পরতে পারে... কিন্তু সে এই ভালো পোশাকের আড়ালে লুকিয়ে থাকা ঝুঁকে পড়া কাঁধকে কখনোই লোকাতে পারে না। তার দারিদ্রতার সমস্ত কাহিনী সেখান থেকেই বেরিয়ে আসে। প্রথমে মন থেকে দারিদ্রতার ভয় দূর করুন। যদি আপনি সেটাকে মন থেকে দূর করতে পারেন, যদি সেটাকে নিজের মস্তিষ্ক থেকে সরাতে পারেন... তবে আপনি অবশ্যই ধনী হবেন!"

ধীরুভাই খুবই গরীব ছিলেন। কিন্তু কখনোই তিনি নিজের মনে কোন ভয় জমতে দেননি। যদি মনে দারিদ্রতার ভূত লুকিয়ে থাকত, তবে তিনি কখনোই ধনী হতে পারতেন না। তিনি এই ভূতের সাথে লড়াই করেছেন আর প্রমাণ করে দিয়েছেন যে, কোন গরীবের ধনী হয়ে উঠতে কোন বাধা নেই। আপনিও মন থেকে যে কোন প্রকারের ভয়, বিশেষ করে দারিদ্রতার ভয়কে দূর করে দিন। তারপর দেখবেন, আপনিও একদিন ধীরুভাই অম্বানীর মতন ধনী হয়ে গেছেন। মন থেকে দারিদ্রতার ভয় দূর করুন। তারপর দেখবেন, আপনার ধনী হওয়ার পথে কেউ-ই বাধার সৃষ্টি করতে পারছে না।

পাওয়ার টিপস্ – ভয়ের ভূত দূর করুন... আপনি সফল হবেনই।

7

শুরু করার আগে

কোন কাজের ব্যাপারে অপূর্ণ তথ্য সফলতা প্রদান করতে পারে না। কোন কাজ শুরু করার আগে সেটার সম্পর্কে সম্পূর্ণ তথ্য সংগ্রহ করুন। তবেই আপনি সেই কাজে লাভ পেতে পারেন। কার্য সম্পর্কিত জ্ঞান অর্জন করার জন্য আপনি কোন বই বা বিশেষজ্ঞের পরামর্শ নিতে পারেন।

যে কাজই করুন না কেন, আত্মবিশ্বাসের সাথে করুন। যদি আপনার নিজের নির্ণয়ের ওপরে ভরসা থাকে, তবে আপনার লক্ষ্যপ্রাপ্তির ক্ষেত্রে কেউ বাধা দিতে পারবে না।

– প. বিরজু মহারাজ (প্রসিদ্ধ নর্তক)

যদি আপনি সফল হতে চান, তবে আপনাকে সফলতার চিরাচরিত রাস্তায় না চলে নতুন রাস্তা বানাতে হবে।

– জন. ডি. রকফেলর

পরিশ্রম আর জ্ঞান ছাড়া কেউ ধনী হতে পারে না।

– সফোক্লীজ

এক ব্যক্তি যদি সকালে ওঠে, রাতে শুতে যায় আর তার মধ্যে সে যা করতে চায়, করে... তা হলে সেই ব্যক্তি সফল।

– বব ডিলন

হকি, ক্রিকেট, ভলিবল ইত্যাদি যে খেলাই খেলা হোক্ না কেন... সেই সম্পর্কে প্রয়োজনীয় জ্ঞান না থাকলে তা সঠিক পদ্ধতিতে খেলা

সম্ভব নয়। সেই খেলা সম্পর্কে আপনার সম্পূর্ণ জ্ঞান থাকাটা অত্যন্ত জরুরী। তবেই আপনি সেই খেলা সুন্দর ভাবে খেলতে পারবেন এবং জয়লাভ করতে পারবেন। যেমন, বলের আকার এবং ওজন কত? ফীল্ডের দৈর্য্য-প্রস্হ কত? ক'জন খেলোয়াড় খেলতে পারে? খেলার নিয়ম কি? এই খেলা কবে-কোথায়-কি ভাবে শুরু হয়েছিল? আজ কোন্-কোন্ দেশে এই খেলা হয়? কোন্ দেশে এই খেলা সব চেয়ে জনপ্রিয়? এই খেলার প্রসিদ্ধ খেলোয়াড় কারা? তাঁদের কি রকম অভিজ্ঞতা আছে? ইত্যাদি তথ্য জানা থাকলে তবেই আপনি সুন্দর ভাবে এই খেলা খেলতে পারবেন। সেই রকম যে কোন কাজ শুরু করার আগে সেই কাজ সম্পর্কে আপনার সম্পূর্ণ তথ্য থাকা উচিত। আপনি যে কাজ শুরু করতে চলেছেন, যদি সেই কাজ সম্পর্কে আপনার সম্পূর্ণ তথ্য না থাকে... তবে সেই কাজের সফলতা সম্পর্কে একশো শতাংশ গ্যারান্টী দেওয়া যায় না।

আমনের এক বন্ধুর মোজার ব্যবসায় হতে থাকা প্রচুর লাভ দেখে আমনও মোজার কোম্পানী খুলবে বলে ঠিক করে। এই সম্পর্কে আমনের কোন অভিজ্ঞতা ছিল না। সে অনেক পয়সা খরচ করে মোজা তৈরীর ফ্যাক্টরী গড়ে তোলে। পাব্লিসিটির জন্য কোন এক সেলিব্রেটিকে দিয়ে এ্যাডও করায়। জায়গায়-জায়গায় পোষ্টারও মারে। মাল সাপ্লাইয়ের জন্য অর্ডারও পায়... কিন্তু যখন মাল তৈরী হয়ে বেরোল, তখন তার

কোয়ালিটি একেবারেই খারাপ বেরোয়। তার মধ্যে বেশ কিছু অভাব ছিল। সুতোর কোয়ালিটি খারাপ ছিল... বোনাও ভালো হয়নি... ডিজাইনও পুরোন হয়ে গেছিল... প্যাকিং-ও আকর্ষণীয় ছিল না... যে মেশিনে বোনা হয়েছিল, সেটা পুরোন প্যাটার্নের ছিল... সেটার রক্ষণাবেক্ষন আর চালানোর জন্যও অনেক বেশী খরচ হচ্ছিল। এই সমস্ত কিছুর অভাবের জন্য মাল সাপ্লাই হয়নি। আমনের সম্পূর্ণ পুঁজি শেষ হয়ে যায়। তার খুবই লোকসান হয়। শেষ পর্যন্ত তাকে কোম্পানী বন্ধ করে দিতে হয়।

কোন কাজ শুরু করার আগে তার সম্পর্কে সম্পূর্ণ জ্ঞান প্রাপ্ত করে নিন। এই কাজকে সম্পূর্ণ রূপে জানার পরেই কাজ শুরু করুন, যাতে আপনাকে মাঝপথে কাজ বন্ধ করতে না হয়। যদি আমন কাজ শুরু করার আগে সম্পূর্ণ জ্ঞান অর্জন করে নিত, সম্পূর্ণ প্রস্তুতি নিয়ে নিত... তবে তাকে ব্যর্থতার মুখ দেখতে হত না।

কোন কাজ শুরু করার আগে সেই কাজ সম্পর্কে জ্ঞান অর্জন করতে পারলে আপনার সফলতা নিশ্চিত। কোন রকম জ্ঞান ছাড়া কাজ শুরু করলে আপনার ব্যর্থ হওয়ার সম্ভাবনা একশো শতাংশ!

পাওয়ার টিপস্ – কোন কাজ শুরু করার আগে সেই কাজ সম্পর্কে সম্পূর্ণ জ্ঞান অর্জন করে নিন... তবেই সফলতা পাবেন।

৪

পেশা নির্বাচন

বর্তমানের প্রতিযোগিতার যুগে যে কোন ধরণের ব্যবসা শুরু করলেই ধনী হওয়া যাবে না। ব্যবসাও সেই স্তরের হতে হবে... যাতে আপনি ভালো উপার্জন করতে পারবেন। কোন ব্যবসা শুরু করার আগে সেই ব্যবসা সম্পর্কে ভালোমতন ভাবনা-চিন্তা করে নিন। এমন ব্যবসা শুরু করুন, যা বেশীর ভাগ লোকেদের প্রয়োজন হবে এবং সর্বদাই যেটার প্রয়োজন থাকবে।

কোন ব্যক্তি কোন বস্তু পাওয়ার জন্য পরিশ্রম না করলে সে কখনোই সেটা পেতে পারে না। **– গারফীল্ড**

এই পৃথিবীতে এসে আমরা যে ভাবে ওঠা-বসা, খাওয়া-দাওয়া, কথা বলা এবং ব্যবহার করতে শিখেছি... ঠিক সেই ভাবেই জীবন যাপন করতে শিখতে হবে। কি ভাবে জীবন যাপন করা যায়, সেটা জানাও অত্যন্ত জরুরী।

– সুকরাত

বেশীর ভাগ সময়ে দেখা যায় যে, মানুষ কোন রকম চিন্তা-ভাবনা না করেই ব্যবসা শুরু করে দেয়। শেষে ব্যর্থ হয়ে ভাগ্যকে দোষারোপ করতে শুরু করে। কারো দেখাদেখি বা মনের ইচ্ছায় ব্যবসা শুরু করলে তাতে সফলতা পাওয়ার গ্যারান্টী নেই বললেই চলে। কোন ব্যবসা শুরু করার আগে একটা বিষয় অবশ্যই ভেবে দেখবেন যে, আপনি যে ব্যবসা

শুরু করতে চলছেন, সেটা পুরোন তো হয়ে পড়েনি ? পুরোন ব্যবসাতে লাভ কম আর লোকসান হওয়ার সম্ভাবনা বেশী থাকে। এমন কিছু কাজ আছে, শহরগুলোয় যার কোন মূল্য না থাকলেও গ্রামীণ ক্ষেত্রগুলোয় তার ক্রেজ আছে। যেমন – শহরগুলোয় ভিডিও গেম পার্লার আর সাইবার কাফে খুলে যাওয়ার কারণে শহরের বাচ্চারা নেটেই ভিডিও গেম খেলে নেয়। কিন্তু ছোট-ছোট গ্রামগুলোয় ভিডিও গেমের জনপ্রিয়তা যথেষ্ট। তাই ছোট-ছোট গ্রামগুলোয় ভিডিও গেম পার্লার খোলা যেতে পারে।

বিজনেস এ্যাডভাইজার বিমল গুপ্তার মতে – কোন ব্যবসা শুরু করার আগে তার দশ বছরের ইতিহাসের দিকে নজর দিন। কয়েক বছর আগে পর্যন্ত এস. টি. ডি. বুথের ব্যবসাকে ভালো ব্যবসা বলে মনে করা হত। কিন্তু বর্তমান দিনে প্রতিটি ব্যক্তির হাতেই মোবাইল এসে যাওয়ার কারণে এই ব্যবসা প্রায় শেষ হতে বসেছে। তার পরিবর্তে আজ মোবাইলের ভাউচার বিক্রী করে অনেক বেশী অর্থ উপার্জন করা যাচ্ছে। শ্রী গুপ্তার মতে কোন ব্যবসায় সফলতার পাওয়ার জন্য স্থান, সময়, প্রয়োজন এবং ভবিষ্যৎ – এই চারটি বিষয়ে নজর রাখা খুবই জরুরী। এমন কোন ব্যবসা করুন, যার থেকে ক্রমাগত উপার্জন করা সম্ভব এবং যার থেকে ক্রমাগত লাভ করা যায়।

'মানি ট্রী'-য়ের লেখক রবার্ট এলনের মতে – ধনী হতে হলে সঠিক ব্যবসা নির্ণয় করতে হবে। ব্যবসা এমন হওয়া উচিত, যার থেকে রেগুলার ইন্‌কাম হতে পারে। তার জন্য শেয়ার বাজার, কমিশন এজেন্ট, বীমা এজেন্ট, নেট মার্কেটিং, রয়্যালিটি, সেভিংসের ওপরে সুদ পাওয়া প্রভৃতি পথ অবলম্বন করা যায়। রিয়েল এস্টেটের ব্যবসাও ভালো ব্যবসা। এর প্রয়োজন বেশীর ভাগ

লোকেরই রয়েছে এবং ভবিষ্যতেও এর প্রয়োজন থেকে যাবে।

ব্যবসা শুরু করার সময় লোকেদের প্রয়োজন দেখার সাথে-সাথে কম্পিটিশনের দিকেও বিশেষ নজর দিতে হবে। সর্বদা এমন ব্যবসা করতে হবে, যে ব্যবসাতে কম্পিটিশন কম রয়েছে। এমন ব্যবসাতে শীঘ্র সফলতা পাওয়ার আশা করা যেতে পারে। কম্পিটিশনের এই যুগে বহু নতুন-নতুন ব্যবসার রাস্তা খুলে যাচ্ছে। রাইটিং, কাউন্সেলিং, ফিট্‌নেস, হেল্থ কেয়ার, পাব্লিসিটি, গ্ল্যামার, কম্‌প্যুটার এবং ইন্টারনেটের সঙ্গে যুক্ত যেসব নতুন-নতুন উপার্জনের পথ সামনে আসছে... সেগুলোর সঙ্গে যুক্ত হয়ে প্রচুর অর্থ উপার্জন করা যেতে পারে। মেল অর্ডার দ্বারা ঘরে বসেই বহু অর্থ উপার্জন করা যায়। সমীর ভাটিয়া য়াহু.কমের মাধ্যমে লোকেদের কোন রকম চার্জ ছাড়া ই-মেল করার সুবিধা প্রদান করে কোটি-কোটি টাকা উপার্জন করেছেন।

পাওয়ার টিপস্ – কারো দেখাদেখি কোন ব্যবসা শুরু করতে যাবেন না! কোন ব্যবসা শুরু করার আগে সেই ব্যবসার স্থান, সময়, প্রয়োজন আর ভবিষ্যৎ অবশ্যই দেখে নেবেন।

●

9

কাজের পরিকল্পনা

> ***ব্যক্তি তখনই ব্যর্থ হয়... যখন সে কোন রকম পরিকল্পনা ছাড়াই কাজ শুরু করে। পরিকল্পনা ছাড়া ধনী হওয়ার স্বপ্ন দেখা জলের আল্পনার মত হয়। একটা ভালো পরিকল্পনার দ্বারা আপনি অতি সহজেই ধনী হতে পারেন। পরিকল্পনা না থাকলে আপনি এদিক-ওদিক ঘুরতেই থাকবেন। পরিকল্পনা আপনাকে প্রতি মুহূর্তে লক্ষ্যের দিকে এগিয়ে নিয়ে যায়।***

সমুদ্রের কিনারায় মুক্তা পাওয়া যায় না। যদি আপনি মুক্তা পেতে চান, তবে আপনাকে সমুদ্রতে ডুব লাগাতে হবে।

– চৈনিক প্রবাদ

কোন কাজের পরিকল্পনা করা এবং তারপর সেটাকে পরিণাম পর্যন্ত পৌঁছে দেওয়ার জন্য একজন সৈনিকের মতন সাহসের প্রয়োজন।

– র‍্যাল্‌ফ ভাল্ডো এমার্সন

বেশীর ভাগ লোক পরিকল্পনা ছাড়া কাজ করে... সেই কারণে তারা জীবনে কিছুই করতে পারে না। ফোর্ড ফাউণ্ডেশনের দ্বারা করা এক অধ্যয়ণ রিপোর্ট অনুসারে 90 শতাংশ লোক কোনরকম পরিকল্পনা ছাড়াই জীবন-যাপন করে... যার ফলে তারা কিছুই করতে পারে না বা জীবনে অসফলই থেকে যায়।

ডেভিড শেফার্ডের মতে – বেশীর ভাগ লোক ছুটীর জন্য ভালো

পরিকল্পনা বানায়... কিন্তু ভবিষ্যৎ সম্পর্কে ততটা পরিকল্পনা করে না। যদিও ধনী হওয়ার জন্য ভবিষ্যৎ সম্পর্কে বেশ ভালো পরিকল্পনা করা উচিত। পরিকল্পনা করতে দেরী করলে আপনার ধনী হওয়াটাও দেরী হয়ে যাবে।

যাত্রা শুরু করার আগে এটা জানা উচিত যে, আমরা কোথায় যাব ? সেখানে যাওয়ার জন্য কি-কি যান-বাহন আছে ? কোন্ রাস্তা কোথা থেকে কোথায় যায় ? পৌঁছতে কত সময় লাগবে ? রাস্তায় কি ধরণের অসুবিধার মুখোমুখি হতে হবে ? তার থেকে বাঁচার উপায় কি ? – এই সমস্ত ব্যাপারে প্ল্যানিং করে যাত্রা শুরু করলে যাত্রাপথ সুবিধাজনক হয়ে যায় এবং যাত্রাও সফল হয়।

যদি আপনি মনে-মনে ধনী হবেন বলে ঠিক করেই নেন, তবে কোন রকম পরিকল্পনা ছাড়া তা পাওয়া অসম্ভব। ধনী হওয়ার জন্য আপনাকে প্ল্যান করতেই হবে। ফ্লাইং কিং নামে প্রসিদ্ধ মিলখা সিংহের মতে – জীবনে চ্যাম্পিয়ন হতে হলে প্রতিটা মুহূর্তকে পরিকল্পনা করে এগোন। যদি আপনি ভালো খেলোয়াড় হতে চান, তবে তার জন্যও আপনাকে পরিকল্পনা করতে হবে। একজন খেলোয়াড়ের জন্য এক্সারসাইজ, প্র্যাক্টিস, ডায়েট প্রভৃতি খুবই জরুরী। এই সমস্ত কিছুর জন্য তাকে প্ল্যানিং করতে হবে। এই পরিকল্পনা সম্পর্কে যথেষ্ট জাগ্রত থাকতে হবে। তবেই সে পৃথিবীর সর্বশ্রেষ্ঠ খেলোয়াড় হতে পারবে। যে

ব্যক্তি যে কোন কাজ প্ল্যানিং ছাড়া করে, সে কখনোই সফলতা পাবে না। এই পৃথিবীতে চার রকমের ব্যক্তি আছে ঃ–

01. যারা স্বপ্ন দেখে অর্থাৎ যাদের কাছে লক্ষ্য থাকে।
02. যারা পরিকল্পনা করে না বা পরিকল্পনা করলেও লক্ষ্য তৈরী করে না।
03. যাদের কাছে লক্ষ্য বা পরিকল্পনা কিছুই থাকে না।
04. যারা লক্ষ্য গড়ে এবং সেটা প্রাপ্ত করার জন্য দৃঢ় পরিকল্পনাও তৈরী করে।

এদের মধ্যে চতুর্থ শ্রেণীর লোকেরাই সফল হয়... যারা লক্ষ্যে উপনীত হওয়ার জন্য দৃঢ় পরিকল্পনা গড়ে তোলে। দৃঢ় পরিকল্পনা করে লক্ষ্য প্রাপ্ত করার জন্য প্রয়োজনীয় উপকরণ, উপযুক্ত রণনীতি এবং সময় সীমার সমাবেশ প্রয়োজন। পরিকল্পনা মনিটরিং করতে হবে। এর থেকে আপনি বুঝতে পারবেন যে, আপনি কতটা এগিয়েছেন এবং এখনও কতটা পথ চলতে হবে। পরিকল্পনার মাধ্যমে কাজ করলেই ধনী হওয়া সম্ভব। ধনী হতে চাইলে তার জন্য সঠিক পরিকল্পনা গড়ে তুলুন।

পাওয়ার টিপস্ – সফলতাকে নিজের হাতের মুঠোয় নিয়ে আসার শর্ত হচ্ছে এই যে, যে কোন কাজ সম্পূর্ণ প্ল্যানিং-য়ের সাথে শুরু করতে হবে।

10

অপনা হাত জগন্নাথ

'*অপনা হাত জগন্নাথ*' অর্থাৎ আপনার মধ্যে যে গুণ বা কলা আছে। যে কাজ সম্পর্কে আপনি সম্পূর্ণ রূপে ওয়াকিবহাল, সেই কাজই শুরু করুন, যাতে সেই কাজ শুরু করার জন্য আপনাকে অন্য কারো সাহায্য নিতে না হয়। ছোট-ছোট পদক্ষেপ ফেলে ছোট-ছোট লক্ষ্য পার করে এগিয়ে যেতে পারেন। এমনটা বলা হয়ে থাকে যে, অপরের ভরসায় ধনী হওয়া সম্ভব নয়। ধনী হওয়ার জন্য '*অপনা হাত জগন্নাথ*' হতে হবে।

যে কাজে তোমার প্রবৃত্তি আছে, সেই কাজেই লেগে থাকো। নিজের বুদ্ধির অনুকূল পথকে ছেড়ো না... তুমি অবশ্যই সফল হবে।

– *জন এঞ্জিলো*

কিং সি. জিলেটের বিচারশক্তি খুবই দৃঢ় ছিল... কিন্তু তাঁর কাছে ব্লেড বানানোর মেশিন বা পুঁজি কিছুই ছিল না। তা সত্ত্বেও তিনি হার মেনে নেন নি। উনি নিজেই ব্লেড বানানোর মেশিন তৈরী করেন এবং আজ তিনি একটা ব্রাণ্ডের রূপে প্রসিদ্ধ। আজ সবার প্রথমে যে ব্লেডের নাম মুখে আসে, সেটা হল জিলেট।

'*অপনা হাত জগন্নাথ*' এই সিদ্ধান্ততে চলে '*ক্যাসেট কিং*' নামে পরিচিত গুলশন কুমার দিল্লীর দরিয়াগঞ্জে একটা জুসের দোকান দিয়েছিলেন। জুসের ব্যবসা খুব ভালোই চলছিল। তা সত্ত্বেও তিনি ক্যাসেট বানানোর কথা ভাবেন। তিনি সেই সম্পর্কে জ্ঞান অর্জন করেন এবং নিজের

জোরেই ছোট্ট একটা স্থানে ক্যাসেট বানাতে শুরু করে দেন। সব কাজ তিনি নিজেই করতেন। তিনি অপরের ওপরে ভরসা করেননি। ধীরে-ধীরে উনি একটা ছোট্ট কোম্পানী স্থাপন করনে। দু-একজন লোককে কাজে রাখেন। তা সত্ত্বেও তিনি নিজেই সব কাজ করতেন। কিছুদিনের মধ্যেই কাজ খুব ভালো ভাবে চলতে শুরু করে। আজ তাঁর কোম্পানী *'টী-সিরিজ'* একটা স্থান দখল করে রয়েছে।

নিজের কাজ নিজেরই হয়। নিজের কাজ মানুষ বেশী পরিশ্রম, মনযোগ এবং উৎসাহ সহকারে করে। যে কাজ সম্পর্কে আপনি ওয়াকিবহাল, সেই কাজই শুরু করুন, যাতে প্রয়োজন পড়লে আপনি নিজেই সেই কাজ করতে পারেন। যে কাজ সম্পর্কে আপনি ওয়াকিবহাল নন, যে কাজ আপনি নিজে জানেন না... অন্যকে দিয়ে সেই কাজ করানো খুবই মুশ্কিল। কারো ভরসায় থাকবেন না... একা থাকুন... একা করুন... ভালো করুন... সময়ের মধ্যে করুন এবং সম্পূর্ণ করে দেখিয়ে দিন।

আপনার মধ্যে কিছু-না-কিছু করার যোগ্যতা অবশ্যই আছে! আপনি অবশ্যই কিছু-না-কিছু করতে পারেন। এম. ডি. এইচ. মশলা, নিরমা ওয়াশিং পাউডার, লিজ্জত পাঁপড় প্রভৃতি এমন বহু উদাহরণ আছে... যারা নিজেরাই কাজ শুরু করেছিল। নিজেরাই মাল প্রস্তুত করে বাড়ী-বাড়ী গিয়ে বিক্রী করত। তারা নিজেদের কাজ করতে কখনোই লজ্জা পায়নি বা কারো ভরসাতেও নিজেদের কাজ শুরু করেনি। *'অপনা হাত জগন্নাথ'* এই সিদ্ধান্ত মেনে চলে তারা নিজেরাই নিজেদের কাজ শুরু করে আর ধনী হয়ে ওঠে। তাই আপনিও নিজের কাজ নিজেই শুরু করুন... সেটা নিজেই সম্পূর্ণ করুন। নিজের কাজ শুরু করতে লজ্জা পাবেন না। নিজের কাজ নিজে করার মধ্যে খারাপ কিছুই নেই।

কখনই অপরের ভরসায় ধনী হওয়া যায় না। যদি আপনার মধ্যে কোন কলা... কোন গুণ... কোন বিশেষত্ব... কোন জ্ঞান থাকে, তবে হাতে হাত রেখে বসে থাকবেন না। উঠুন এবং ধনী হওয়ার জন্য চেষ্টা শুরু করুন। আপনার কলা, আপনার বিশেষত্ব আপনাকে ধনী করবেই। আর দেরী করবেন না! *'অপনা হাত জগন্নাথ'* এই সিদ্ধান্ত মেনে নিজের কাজ নিজেই শুরু করুন। তারপর দেখবেন যে, আপনাকে ধনী হয়ে উঠতে কেউ-ই বাধা দিতে পারবে না।

পাওয়ার টিপস্ ঃ–

- নিজের ব্রাণ্ড বানান।
- ব্রাণ্ডে নিজেকে এমন ভাবে বিক্রী করুন, যাতে সকলের পছন্দ হয়।
- মনে রাখবেন, আপনার ব্রাণ্ডে যেন কোন দুর্বলতা না থাকে।
- আপনার ব্যাণ্ডের মধ্যে আত্মবিশ্বাস দেখতে পাওয়া উচিত, দম্ভ নয়।

●

11

এক সাথে বেশ কিছু কাজ

ধনী হওয়ার জন্য এক সাথে অনেক কাজ শুরু করবেন না। ধনী হওয়ার জন্য এক সময়ে একটাই কাজ করুন। একটা কাজ শেষ করার পরেই অপর কাজ শুরু করুন। অনেক কাজ এক সাথে শুরু করলে কোন কাজই ঠিক মত সামলাতে পারবেন না। তাই এক সময়ে একটাই কাজ করুন।

কঠোর পরিশ্রম ছাড়া আজ পর্যন্ত কেউই সফলতা পায়নি।

– শ্যাম পিত্রোদা (টেকনিক্যাল বিপ্লবী)

জীবন আমাদের যে তাসের কার্ড দেয়, তা প্রত্যেক খেলোয়াড়কেই স্বীকার করতে হয়... কিন্তু কার্ড হাতে এসে যাওয়ার পর খেলোয়াড়কে ঠিক করতে হয় যে, সে এই কার্ড দিয়ে কি ভাবে খেলবে, যাতে সে বাজী জিততে পারে। ***– ওয়াল্টেয়র***

দিলীপের মনে দ্রুত ধনী হওয়ার ইচ্ছা ছিল। তার জন্য সে অনেক কাজ এক সাথে শুরু করে দিয়েছিল। অনেক কাজ এক সাথে শুরু করার জন্য সেই কাজগুলোকে সামলানো মুশ্কিল হয়ে উঠেছিল। কখনও এই কাজটা করত, তো কখনও আরেকটা কাজ করত। অনেক কাজের চক্করে কোন কাজটাই ঠিক মত হত না। এদিক সামলানোর জন্য যেত, তো ওদিক থেকে ফোন এসে যেত। দৌড়-ঝাঁপ, ফোনের ঘন্টি, চিৎকার-চেঁচামেচি, আদেশ দেওয়া, শোনা – এই সমস্ত কিছুর

জন্য দিলীপ অস্হির হয়ে গেছিল। সে কি করবে, কিছুই বুঝে উঠতে পারছিল না।

একদিন তার সাথে শহরের এক বিরাট ব্যবসায়ীর সাক্ষাৎ হয়। শহরে তাঁর বেশ কিছু বড়-বড় কাজ চলছিল। সেই ব্যক্তি সব কাজ কি সুন্দর করে সামলাচ্ছিল, সেটা দিলীপ বুঝতে পারছিল না। দিলীপ সেই ব্যবসায়ীকে নিজের সমস্যার কথা জানায়। সমস্যা শুনে সেই ব্যবসায়ী দিলীপকে বলল – *"শীঘ্র অর্থ উপার্জনের আশায় তুমি এক সাথে অনেক কাজ শুরু করে সমস্যায় পড়ে গেছো।"* দিলীপ একটু সাহস সঞ্চয় করে তাঁকে বলে – *"আপনারও তো অনেক কাজ এক সাথে চলছে।"* সেই ব্যবসায়ী দিলীপকে দেখে হাসলেন আর বললেন – *"আমি তোমার মত এক সাথে অনেক কাজ শুরু করিনি। একটা কাজে সফল হওয়ার পরেই আমি অপর কাজ শুরু করেছিলাম। এই কারণেই আমাকে সমস্যায় পড়তে হয়নি। যদি সমস্যার হাত থেকে বাঁচতে চাও, তবে যে কাজটা সব থেকে ভালো ভাবে চলছে, সেটা চালিয়ে রেখে বাকী সমস্ত কাজ বন্ধ করে দাও। সেই কাজটা ঠিক মত শেষ হওয়ার পরেই অপর কাজ শুরু করো।"*

দিলীপের তাঁর পরামর্শ পছন্দ হয়। সে শীঘ্রই সিদ্ধান্ত নিয়ে ফেলে এবং একটা কাজ চালু রেখে বাকী সব কাজ বন্ধ করে দেয়। একটাই কাজ থাকার জন্য তার টেনশন অনেক কমে যায়। কাজ খুবই ভালো চলতে থাকে। উপার্জনও ভালো হতে শুরু করে। ধীরে-ধীরে তার কাজ শেষও হতে লাগে।

ধনী হওয়ার জন্য কাজ শুরু করাটা খুবই প্রয়োজন... কিন্তু এক সাথে কখনোই অনেক কাজ এক সাথে শুরু করবেন না। এতে সমস্যা এবং চাপ – দুটোই বৃদ্ধি পাবে। দৌড়াদৌড়ি করতে হবে... তার সাথে লোকসানও হবে। আজ পর্যন্ত যাঁরা-যাঁরা

ধনী হয়েছেন, তাঁরা সকলে একটা-একটা করেই ব্যবসা শুরু করেছেন। কেউই এক সাথে অনেক কাজ শুরু করেননি। একটা কাজ ঠিক মত শেষ হওয়ার পরেই তাঁরা দ্বিতীয় কাজ শুরু করেছেন।

অনেক কাজ এক সাথে শুরু করলে সব কাজ ঠিক মত সামলানো সমস্যা হয়ে উঠবে। আপনাকে প্রচণ্ড দৌড়াদৌড়ি করতে হবে এবং কাজের প্রতি মনোযোগও নষ্ট হবে। সময়ের মধ্যে কাজ সম্পূর্ণ হবে না... যার ফলে মানসিক চাপ সৃষ্টি হবে। অনেক কাজ এক সাথে শুরু করে চাপ বৃদ্ধি করবেন না। প্রথমে একটা কাজই শুরু করুন, তাতে সফলতা পাওয়ার পরে অন্য কাজে হাত দিন।

পাওয়ার টিপস্ – যদি কাজ সম্পূর্ণ রূপে করতে চান এবং মানসিক চাপের হাত থেকেও বাঁচতে চান, তবে একবারে একটাই কাজ করুন।

12

সময়ের মূল্য

ধনী হোক্ বা দরিদ্র, কিশোর হোক্ বা বৃদ্ধ, বাচ্চা হোক্ বা প্রাপ্তবয়স্ক – প্রত্যেকেই 24 ঘণ্টা সময়ই পান। আপনি এই 24 ঘণ্টা কি ভাবে কাটাবেন, তা আপনার ওপর নির্ভর করছে। যদি ধনী হতে চান, তবে সময়ের মূল্য বুঝুন... তাকে বেকার নষ্ট করবেন না। প্রতিটা মূহূর্তকে অর্থ উপার্জনের কাজে লাগান।

আজকের সুযোগ ঘুরে-ফিরে কাটিয়ে দাও... কালও এই ভাবেই কেটে যাবে আর তারপর আসবে আরও অলসতা।

– শেক্সপিয়ার

যে ব্যক্তি এক ঘণ্টা সময় নষ্ট করে, সে জীবনের মূল্যই বোঝে না।

– চার্লস ডারউইন

সময় নষ্ট কোর না... কারণ এটা জীবন নির্মাণের কাঠামো।

– ফ্যাঙ্কলিন

ইংরাজীতে একটা প্রবাদ আছে – Time and tide wait for none! *(সময় আর জোয়ার কারো জন্য প্রতীক্ষা করে না)*।

নীতিশাস্ত্রতে লেখা আছে–

काव्य शास्त्र विनोदेन कालो गच्छति धीमताम्।
व्यसनेन तु मूर्खाणां निद्रया कलहेन वा ॥

বুদ্ধিমান ব্যক্তির সময় কাব্য শাস্ত্র, বিজ্ঞান এবং কলার চর্চা করেই কেটে যায় আর মূর্খরা ঘুমিয়ে আর ঝগড়া করে সময় কাটায়।

প্রত্যেক মুহূর্তে সময় বদলে যাচেছ। যদি আপনি সময়ের মূল্য বুঝতে না পারেন, তবে সে কখনোই আপনাকে গণ্য করবে না। জীবনে প্রত্যেক সেকেণ্ডের গুরুত্ব আছে। সে ছাত্র ক্লাসে ফেল করে যায়, সেই-ই সময়ের গুরুত্বকে বুঝতে পারে। কারণ পাশ করার জন্য তাকে এক বছর ধরে এক ক্লাসেই বসে থাকতে হয়। ঠিক তেমনি যে খেলোয়াড় এক সেকেণ্ড পেছনে থাকার জন্য স্বর্ণপদক জিততে পারে না, সে সময়ের গুরুত্বকে বোঝে। যদি জীবনে সফলতা পেতে চান, তবে প্রতিটা মুহূর্তের মূল্যকে বুঝতে হবে। যে সময়কে হারিয়ে ফেলে, সে সব কিছু হারিয়ে ফেলে। সময়ে ক্ষেতে সফলতা রূপী গাছ জন্ম নেয়।

ভুল্ভর লিন্টনের মতে – সময় হচেছ সব চেয়ে বড় ধন। যতক্ষন না সময়ের মূল্য বুঝতে পারবেন, ততক্ষন পর্যন্ত ধনী হওয়া সম্ভব নয়। ধনী হওয়ার জন্য সময়ের মূল্যকে বুঝতে হবে। কম সময়ে বেশী কাজ করার ক্ষমতা উৎপন্ন করুন এবং সঠিক সময়ের মধ্যে কাজ সম্পূর্ণ করুন। তাহলে আপনি সময়ের থেকে আগে যেতে পারবেন। টাইম ম্যানেজমেন্টকে ধনী হওয়ার পুঁজি বলা হয়। এই পুঁজি যার কাছে থাকে, তার কোন তুলনাই হয় না। সে কুবেরের সকাতিতে ভরা সিন্দুক খুলতে সফল হয়ে যাবে। ব্রায়ান ট্রেসী বলেন – সফল জীবন সফল দিন-ঘন্টা এবং মিনিটের শৃঙ্খলা হয়।

টাইম ইজ মানি ঃ

'টাইম ইজ মানি' – এই কথাটাকে বুঝতে হবে। প্রতিটি মুহূর্তকে যথেস্ট মূল্যবান বলে

গণ্য করতে হবে। সময় যাতে বেকার চলে না যায়, সেটা দেখতে হবে। সময়ের সদ্ব্যবহার করতে হবে... তবেই তো আপনি ধনীদের তালিকায় নিজের স্থান করে নিতে পারবেন। তার জন্য সব চেয়ে বেশী প্রয়োজন হল টাইম ম্যানেজমেন্ট। এটা না করলে আপনার বহু মূল্যবান সময় ব্যর্থ চলে যায়। কি ভাবে টাইম ম্যানেজমেন্ট করা যায়, তার কোন নির্দ্দিষ্ট ফর্মূলা নেই... সেটা নিজেকেই ঠিক করে নিতে হবে। ছোট্ট ফর্মূলা হল – সবার প্রথমে আপনাকে সময়ের মূল্য জানতে হবে, দ্বিতীয়তঃ আপনাকে সময় সঞ্চয় করতে হবে এবং তৃতীয়তঃ সময় উৎপন্ন করতে জানতে হবে।

সময়ের মূল্য ঃ

থমাস গোথের মতে – সময় এক প্রকারের অমূল্য ধন হয়! কোন ভৌতিক ধন অপচয় হয়ে গেলে তা পুনরায় পাওয়া সম্ভব... কিন্তু নষ্ট হয়ে পড়া সময় আর কখনো ফিরে আসে না। ফ্রাঙ্কলিনের মতে – সময় নষ্ট করবেন না... কারণ এর দ্বারাই জীবন রচিত হয়।

সময় সঞ্চয় ঃ

অর্থের থেকেও বেশী চিন্তা-ভাবনা করে সময় ব্যয় করা উচিত। দিন-রাত মিলিয়ে এই চব্বিশ ঘন্টার মধ্যে নিজের গুরুত্বপূর্ণ কাজগুলি মাথায় রেখে ন্যূনতম আর অধিকতম সময় নিদ্ধারিত করতে হবে। চেস্টফিল্ডের মতে – আমার পরামর্শ হল, মিনিটের দিকে লক্ষ্য রাখুন... ঘন্টা নিজের চিন্তা নিজেই করে নেবে।

সময় উৎপাদন ঃ

যে কোন কাজ আনন্দের সাথে করুন... কাজকে এড়িয়ে যাবেন না। সুযোগের সদ্ব্যবহার করুন। সময় কম – এই নিয়ে কান্নাকাটি না করে সময় উৎপাদন করার চেষ্টা করুন। অর্থাৎ কি ভাবে 24 ঘন্টাকে 48 ঘন্টায় বদলানো যায়, সেই চেষ্টাই করুন। স্বেট মার্ডেনের মতে – ঈশ্বর একবারে একটাই মুহূর্ত প্রদান করেন আর দ্বিতীয় মুহূর্ত দেওয়ার আগে আগের মুহূর্ত ফিরিয়ে নেন।

এগুলি নোট করুন ঃ

01. **আজ আর এক্ষুণি**

যা কাল করবেন, তা আজ করুন! যা আজ করবেন, তা এক্ষুনি। মুহূর্তের মধ্যে প্রলয় এসে যাবে, আর কখন করবেন।

02. **শীঘ্র কাজ করুন, সম্পূর্ণ করুন ঃ**

স্যার ওয়াল্টার র‍্যালেকে এক ব্যক্তি জিজ্ঞাসা করে – *"আপনি এত কম সময়ে এতগুলি কাজ কি ভাবে করেন?"* তিনি বলেন – *"আমাকে যে কাজ করতে হয়, তা আমি সেই সময়েই শেষ করে ফেলি। যে কাজই থাকুক না কেন, তা শীঘ্র শেষ করুন... তার জন্য অপেক্ষা করবেন না।"*

03. **করবেন না ঃ**

অনেক কাজ এক সাথে করার চেষ্টা করবেন না। অনেক কাজ এক সাথে করলে অনেক রকম সমস্যার সৃষ্টি হয়... যার ফলে কোন কাজই সময়ের মধ্যে সম্পূর্ণ হওয়ার সম্ভবনা থাকে না।

পাওয়ার টিপস্ – সময়ের মূল্য বুঝুন... এটাই হচ্ছে ধনী হওয়ার চাবিকাঠি।

13

নিজের ওপরে বিশ্বাস রাখুন

ধনী হতে হলে নিজের ওপরে বিশ্বাস রাখাটা খুবই জরুরী। নিজের ওপরে বিশ্বাস রাখতে না পারলে কোন দিনই ধনী হওয়া সম্ভব নয়। আজ পর্যন্ত যারা ধনী হতে পেরেছেন, তাঁরা সকলেই নিজের ওপরে বিশ্বাস করেছেন আর ধনী হয়ে উঠেছেন। অপরের ভরসায় কোন কাজ হতে পারে না। তাহলে আপনি অপরের ভরসায় কি ভাবে ধনী হবেন ?

পরিশ্রমের কোন বিকল্প নেই আর যদি পরিকল্পনা মাফিক পরিশ্রম করা যায়, তবে সফলতা সুনিশ্চিত।

– বলসাওয়ার (প্রাক্তন মিস্ ইণ্ডিয়া)

ভাগ্যের ওপরে বিশ্বাস রাখুন... কিন্তু সেটার ওপর আশ্রয় করবেন না।

– অজ্ঞাত

উইলিয়াম জেমসের মতে প্রত্যেক ব্যক্তির মধ্যে অসীম প্রাণশক্তি এবং সম্ভাবনা লুকিয়ে থাকে। নিজের উপর বিশ্বাস করে সেটা পাওয়া সম্ভব। যদি শিখরে পৌঁছতে চান, তবে নিজের ওপরে বিশ্বাস রাখতে হবে। যদি ধনী হওয়ার আগেই আপনি ভয় পেয়ে যান... তবে জানবেন যে, আপনি মরে গেছেন। কারণ ভীত মানুষ মৃত মানুষের থেকেও বেকার হয়। নিজের উপর বিশ্বাস না করাটা এক ধরণের দুর্বলতা হয়।

দুর্বল ব্যক্তি কখনই এগোতে পারে না। মনে জয় এবং এগিয়ে যাওয়ার অনুভূতি থাকাটা খুবই প্রয়োজন।

এক ব্যক্তির নিজের ওপরে বিশ্বাস ছিল না। সে নিরাশার শেষ সিঁড়িতে পৌঁছে গেছিল। একদিন তার সাথে এমন এক লেখকের পরিচয় হয়, যিনি সেল্ফ ইম্প্রুভমেন্টের ওপরে লেকচার দিতেন। নিরাশ ব্যক্তি তাকে জিজ্ঞাসা করে – *"আমি সম্পূর্ণ রূপে নিরাশ হয়ে পড়েছি। আমি কোন রাস্তা খুঁজে পাচ্ছি না। আজ পর্যন্ত আমি এমন কাউকে পাইনি, যার ওপরে আমি বিশ্বাস করতে পারি। আপনি কি আমার ভেতরে বিশ্বাসের সৃষ্টি করতে পারেন?"* লেখক বলেন – *"আমি এমন এক ব্যক্তির সাথে আপনার পরিচয় করিয়ে দিতে পারি, যিনি আপনার ভেতর বিশ্বাসের সৃষ্টি করতে পারবেন!"*

'বাহ! আমি অবশ্যই সেই ব্যক্তির সাথে দেখা করব।"

লেখক তাকে অন্য ঘরে নিয়ে গিয়ে আয়নার সামনে দাঁড় করিয়ে বলেন – *"এই হচ্ছেন সেই ব্যক্তি, যিনি আপনার ভেতরে বিশ্বাস জোগাতে পারেন। এছাড়া আর অন্য কেউ আপনার ভেতরে বিশ্বাস যোগাতে পারবেন না।"*

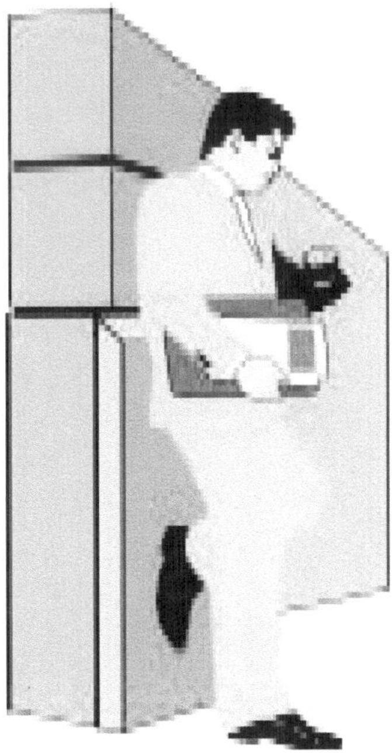

সেই ব্যক্তি লেখকের কথা মেনে নেয়। সে তার নিরাশ হওয়ার কারণ বুঝতে পারে, সে কখনই নিজের ওপরে বিশ্বাস করেনি। যদি সে নিজেকে বিশ্বাস করত, তবে কখনোই সে নিরাশ হত না। এমার্সনের মতে – যার নিজের প্রতি বিশ্বাস থাকে না, তার হওয়া কাজও বিগড়ে যায়। নিজের প্রতি যার বিশ্বাস থাকে, সে হার বাজীও জিতে যায়! যদি আপনিও হারা বাজী জিততে চান, তবে নিজের ওপরে বিশ্বাস রাখুন!

মনোবৈজ্ঞানিকেরা বহু গবেষণা

করে দেখেছেন যে, যদি বার-বার মস্তিষ্ককে একটাই কথা বলে আশ্বস্ত করা যায়, তবে সে সেই কথা মানতে শুরু করে। উদাহরণস্বরূপ আপনি যদি বেশ কিছু দিন ধরে সকাল পাঁচটার সময় উঠতে থাকেন, তবে পরবর্তী দিনে সকাল পাঁচটার সময় আপনার চোখ আপনা থেকেই খুলে যাবে।

নিজের ওপরে বিশ্বাস করেই আপনি ধনী ব্যক্তিদের তালিকায় নিজের স্থান করে নিতে পারেন। নিজের ওপরে বিশ্বাস না করাটা সেই ছোট-ছোট আলুর সমান হয়ে ওঠে... যেগুলো ট্রাকের ওপরে রাখা সত্ত্বেও ট্রাকের ঝাঁকুনিতে সব থেকে নীচে চলে যায়। নিজের ওপরে বিশ্বাস না থাকার অর্থ হল আপনি এগুলি হাসিল করতে চান না। যদি ধনী হতে চান, তবে নিজের ওপরে বিশ্বাস করুন। আশা, চিন্তা, নিষ্ঠা, কিছু করে দেখানোর উৎসাহ এবং নিজের ওপরে বিশ্বাস করলেই ধনী হওয়া সম্ভবপর হয়।

পাওয়ার টিপস্ – আয়নার সামনে দাঁড়িয়ে নিজেকে বলুন, আমি ধনী হতে চাই... আমি ধনী হবই... আমার নিজের ওপরে বিশ্বাস আছে।

●

14

মস্তিষ্ককে সক্রিয় রাখুন

বুদ্ধি অর্থাৎ মস্তিষ্ক। মস্তিষ্কের ব্যবহার করলেই পয়সা উপার্জন করা যায় অর্থাৎ মস্তিষ্কে পয়সা রোজগারের ক্ষমতা উৎপন্ন করাই সব চেয়ে বেশী জরুরী। এই ক্ষমতা উৎপন্ন করার জন্য মস্তিষ্কে পয়সা রোজগারের উপায় সম্পর্কে ভাবতে হবে। মস্তিষ্ককে সক্রিয় রাখুন এবং তার ওপরে কেন্দ্রিত থাকুন। তারপর দেখতে পাবেন, পয়সা আপনা থেকেই আপনার হাতে ধরা দিচ্ছে। আপনার ধনী হতে আর সময় লাগবে না।

সময় মতন সম্পূর্ণ প্রস্তুতির সাথে কাজ না করার অভ্যাসের প্রতি দৃষ্টি রাখুন। যা করতে চান, শীঘ্র করে ফেলুন... কাজ করার পর আরাম করুন, আগে আরাম করার চেষ্টা করবেন না।

– ***স্বেট মার্ডেন***

যার মস্তিষ্ক অন্ধবিশ্বাস থেকে মুক্ত... তাকে মৃত্যুও ভয় দেখাতে পারে না। – ***গুরু নানক***

পৃথিবীর সমস্যা হল মূর্খদের মধ্যে প্রচণ্ড আত্মবিশ্বাস থাকে আর বুদ্ধিমানরা ব্যর্থ শঙ্কায় শঙ্কিত হয়। – ***বারট্রেণ্ড রাসেল***

মস্তিষ্ককে সক্রিয় রাখলেই আপনি ধনী হতে পারবেন। মানব মস্তিষ্কের কার্য প্রণালী বুঝতে পারলে সেটা আপনার মস্তিষ্ককে সক্রিয় রাখতে সাহায্য করবে। মানব মস্তিষ্কে দুটি ভাগ থাকে – চেতন এবং অবচেতন। চেতন ভাগ থেকেই চক্ষু, কর্ণ, নাসিকা, জিহ্বা এবং ত্বক প্রভৃতি সূচনা পায়। এগুলি উপযোগী তথ্যগুলিকে অবচেতন ভাগে পৌঁছে দেয়।

বাকী তথ্য আপনা থেকেই মস্তিষ্ক থেকে বেরিয়ে যায়।

অবচেতন ভাগে সমস্ত জীবনোপযোগী তথ্য একত্রিত হয়। অবচেতন মস্তিষ্ক চব্বিশ ঘন্টাই ব্যস্ত থাকে... যা শোওয়া-জাগা – সব অবস্থাতেই কাজ করে। মনোবৈজ্ঞানিকেরা প্রমাণ করেছেন যে, বার-বার এক কথা বলে মস্তিষ্ককে নিজের কথা বিশ্বাস করানো যায়। যদি বার-বার তাকে নিজের লক্ষ্যের কথা বলা হয়, তবে সে তার নিজের নিয়ম বানিয়ে নেয়। এই নিয়মের দ্বারাই অভ্যাস সৃষ্টি হয়।

যেমন, যদি একবার সকালে ওঠার অভ্যাস হয়ে যায়... তাহলে সকালবেলা আপনার চোখ আপনা থেকেই খুলে যাবে। মস্তিষ্ক সেটাকেই নিয়ম করে নেয়। সে কোন স্বয়ংচালিত যন্ত্রের মতন কাজ করে। শারীরিক আর মানসিক হাব-ভাব মস্তিষ্কের বিচার তরঙ্গ দ্বারাই প্রভাবিত হয়। আপনার হাব-ভাব যেমন হবে, মস্তিষ্ক সেটাকে গ্রহণ করে নেবে আর সেটার ফাইল বানিয়ে রেখে নেবে। সে এই ফাইল অনুসারেই সঞ্চালিত হয় এবং আপনাকে ফাইল সম্পর্কে জানাতে থাকে। যদি আপনার মস্তিষ্কে ধনী হওয়ার ফাইল না থাকে, তবে সে আপনাকে ধনী হওয়ার ব্যাপারে কিছুই জানাবে না। মস্তিষ্কে থাকা ধনী হওয়ার ফাইল সর্বদা আপনাকে ধনী হওয়ার জন্য আদেশ দেবে।

অসুস্থ ব্যক্তিদের মাথায় সর্বদা দুর্বলতা আর হতাশা থাকে। যে কারণে তারা শীঘ্র সুস্থ হতে পারে না। ডাক্তাররা ঔষধের সাথে-সাথে তাদের

শীঘ্রই ঠিক হয়ে যাওয়ার আশ্বাস দেয়। তখন তাদের মনে ভালো হয়ে যাওয়ার ভাব জন্মায়। তারা শীঘ্রই সুস্থ হয়ে যায়... কিন্তু অনেকের মধ্যে ভালো হওয়ার মনোবল আসে না... তারা কখনোই সুস্থ হতে পারে না। সুস্থ হয়ে গেলেও তাদের মনে হয় যে, তারা অসুস্থ। ঠিক সেই ভাবে মস্তিষ্ক থেকে দারিদ্রতার ভাব দূর করে ধনী হওয়ার ইচ্ছা ভরুন। আপনার মস্তিষ্কে ধনী হওয়ার ফাইল জমা করুন।

যদি মস্তিষ্ক বার-বার ধনী হওয়ার, অর্থ উপার্জন করার লক্ষ্য প্রাপ্ত করে... তবে সে আপনার আদেশ গ্রহণ করবে এবং আপনাকে ধনী হওয়ার উপায় সম্পর্কে বলতে থাকবে। যতক্ষন না আপনি শুয়ে-জেগে সর্বদাই ধনী হওয়ার কথা ভাববেন, ততক্ষন পর্যন্ত মস্তিষ্ক তার জন্য সক্রিয় হবে না আর আপনিও ততক্ষন ধনী হতে পারবেন না। যদি ধনী হতে চান, তবে মস্তিষ্ককে সর্বদা টাকা রোজগারের জন্য নির্দেশ দিন। এই সক্রিয়তাই আপনাকে ধনী হওয়ার লক্ষ্যে পৌঁছে দেবে।

পাওয়ার টিপস্ – ধনী বা দরিদ্র হওয়া বিচারধারারই সন্তান হয়!

15

নেতিবাচক চিন্তাধারা

মস্তিষ্কে সর্বদা দু রকম চিন্তাধারা উৎপন্ন হয়! ইতিবাচক চিন্তাধারা আর নেতিবাচক চিন্তাধারা। নেতিবাচক চিন্তাধারা সর্বদা ইতিবাচক চিন্তাধারার ওপরে চেপে বসতে চায়। নেতিবাচক চিন্তাধারাকে মস্তিষ্ক থেকে দূর করে দিন... ইতিবাচক চিন্তাধারাকে প্রভাবশালী করে তুলুন। ইতিবাচক চিন্তাধারাই ব্যক্তিকে ধনী করে তোলে।

মস্তিষ্কের একটা বিশেষ স্থান আছে, আর সে সর্বদাই স্বর্গকে নরকে আর নরককে স্বর্গে পরিণত করতে পারে।

– মিল্টন

সূচনার যুগে মস্তিষ্কের শক্তি সব চেয়ে গুরুত্বপূর্ণ সম্পত্তি।

– আজীম প্রেম জী (উইপ্রোর চেয়ারমান)

নেতিবাচক চিন্তাধারা আপনাকে নষ্ট করার আগেই, আপনি সেগুলিকে নষ্ট করে দিন।

– ডেভিড জে. শ্বার্ট্জ

সফল লোকেরা নেতিবাচক লোকেদের থেকে দূরে থাকেন, কারণ তাঁদের সাথে থাকলে তাঁদের চিন্তাও নেতিবাচক হয়ে যাবে।

– কুমার মনোজ

মনে কখনোই নেতিবাচক চিন্তাধারা আসতে দেবেন না। এই অসুখ

একবার মনে উৎপন্ন হয়ে পড়লে তার হাত থেকে রেহাই পাওয়া খুবই মুশ্কিল হয়ে পড়ে। দুঃখ, অসুস্হতা, চিন্তা, ক্রোধ, শোক, ব্যথা, উদাসীনতা, নিরাশা – এই সব নেতিবাচক চিন্তাধারারই রূপ। যা ইতিবাচক চিন্তা উৎপন্ন হতে বাধা দেয়।

যদি জীবনে কিছু হতে চান, জীবনে কিছু পেতে চান, এগোতে চান, শিখরে পৌঁছতে চান, টাটা-বিড়লা-আজীম প্রেম জী-কারসন ভাই প্রমুখদের মত হতে চান... তবে নেতিবাচক চিন্তাধারাকে ছুঁড়ে ফেলে দিন। ইতিবাচক চিন্তাধারাই আপনাকে উঁচুতে নিয়ে যেতে পারে। নেতিবাচক চিন্তাধারা গভীর গর্তের মধ্যে নিমজ্জিত করে।

'আমার পক্ষে ধনী হওয়া সম্ভব নয়' – এই নেতিবাচক চিন্তাধারা আপনার ধনী হওয়ার পথে বাধা দেবে এবং আপনি দারিদ্রতার অন্ধকারে তলিয়ে যাবেন। নেতিবাচক চিন্তাধারা খুবই খারাপ, তা জীবিত মানুষকেও মৃতের সমকক্ষ করে তোলে। যারা নেতিবাচক চিন্তাধারা নিয়ে জীবন অতিবাহিত করেন, তাঁরা মৃত ব্যক্তির সমান হন। তাঁদের কোন অস্তিত্বই থাকে না। মন থেকে নেতিবাচক চিন্তাধারাকে যদি সেটাকে দূর করে দিতে পারেন... তবেই আপনি সফলতার পথে এগোতে পারবেন।

আপনারা নিশ্চয়ই সেই কাকের ঘটনা শুনেছেন, যে নিজের তৃষ্ণা দূর করার জন্য একটা করে পাথর ঘড়ার মধ্যে ফেলেছিল। ঘড়ায় এক টুকরো পাথর পড়ার সাথে-সাথে ঘড়ার ভেতরের জল একটু-একটু করে ওপরে উঠতে শুরু করেছিল। কাক জল পান করে তার পিপাসা দূর করে নেয়। এই উদাহরণ আমাদের এটা শেখায় যে, কোন পরিস্হিতিতেই মনে নেতিবাচক চিন্তাধারাকে স্হান দিতে নেই। যদি কাকের মনে নেতিবাচক

চিন্তাধারা আসত, তবে সে তৃষ্ণার্তই থেকে যেত। ইতিবাচক চিন্তাধারার জন্যই সে ঘড়ার মধ্যে পাথর ফেলতে শুরু করে... যার ফলে সে লাভবান হয়।

নেতিবাচক চিন্তাধারাকে ইতিবাচক চিন্তাধারা করে তোলার অভ্যাস করুন। ডেভিড জে. শ্বার্টস বলেন – লোক শব্দ বা বাক্য নিয়ে মাথা ঘামায় না। মানুষ প্রতিবিম্ব নিয়ে ভাবে, যার ফলে তার মাথায় নেতিবাচক চিন্তাধারা অতি শীঘ্র এসে যায়। ব্যর্থ হওয়ার পেছনে এটাই সব চেয়ে বড় কারণ হয়। আপনি যদি নিজের চিন্তাধারা বদলাতে পারেন, তাহলেই সফল হবেন।

যেমন – *'আমি হেরে গেছি' (নেতিবাচক)-কে 'এখনও পর্যন্ত আমি হারিনি' ইতিবাচক)*। *'আমি আগে ব্যর্থ হয়ে গেছিলাম' (নেতিবাচক)-কে 'আমি আবার চেষ্টা করে দেখব' ইতিবাচক)*। *'এই চেষ্টা সফল হবে না' (নেতিবাচক)-কে 'এই চেষ্টা অবশ্যই সফল হবে' (ইতিবাচক)*। এই ভাবে নিজের চিন্তাধারা বদলে দেখুন। এটাকেই নিজের অভ্যাস করে তুলুন। ইতিবাচক চিন্তাধারাই সফলতার গ্যারান্টী হয়... এটার দ্বারা আপনি অবশ্যই ধনী হতে পারবেন।

পাওয়ার টিপস্ – নেতিবাচক চিন্তাধারা ব্যর্থতার দরজায় পৌঁছে দেয়।

16

উৎসাহ বজায় রাখুন

ধনী হওয়ার জন্য উদ্দীপনা থাকা খুবই জরুরী। উদ্দীপনা বজায় রাখুন। উদ্দীপনা নষ্ট হতে দেবেন না। উদ্দীপনা ঠাণ্ডা হওয়ার মানে পেছিয়ে পড়া। পেছিয়ে থেকে কখনই ধনী হতে পারবেন না, ধনী হওয়ার জন্য সর্বদা আগে থাকতে হবে। মনে উদ্দীপনা, পাগলামি এবং চেষ্টা থাকলে আপনি অবশ্যই ধনী হতে পারবেন।

যৌবন কালে আমার দশটার মধ্যে ন'টা কাজ ব্যর্থ হয়ে যেত। আমি জীবনে ব্যর্থ হতে চাইনি, তাই আমি দশ গুণ বেশী উদ্দীপনা নিয়ে কাজ করতাম।

– জর্জ বার্নার্ড শ'

আমি দিনে 20 ঘন্টা উদ্দীপনার সাথে কাজ করতাম। প্রত্যেক দিন... এমন কি রবিবারও কাজ করতাম।

– হেলেনা রুবিনস্টীন

পৃথিবীতে এমন কোন ব্যক্তি নেই, যার কাছে একবার ভাগ্যোদয়ের সুযোগ আসনি... কিন্তু যখন সে এটা দেখে যে, এই ব্যক্তি তাকে স্বাগত জানাতে প্রস্তুত নয়, তখন সে অন্য দিকে চলে যায়।

– কার্ডিনল

অনেক সময় সফলতা-ব্যর্থতা, হার-জিত, পাওয়া-হারানোর মধ্যে খুবই কম পার্থক্য থাকে। সেই সব ব্যক্তিরাই সফল হতে পারেন, যাঁদের ভেতরে উদ্দীপনা থাকে। উদ্দীপনা এমন এক শক্তি হয়, যা চেতনায়

থেকে শক্তি প্রদান করে। এটা আপনাকে নিজের লক্ষ্যের প্রতি সচেতন রাখে।

মনে উদ্দীপনা থাকলে এভারেস্টের শিখরেও পৌঁছনো সম্ভব... ইংলিশ চ্যানেলও পার করা সম্ভব... আগ্নেয়গিরির ভেতরেও ঢোকা যায়। এই সমস্ত কিছুর জন্য উদ্দীপনা বজায় রাখতে হবে।

প্রাক্তন রাষ্ট্রপতি ডাঃ রাজেন্দ্র প্রসাদের মতে – উদ্দীপনার শক্তি বাষ্পের মত হয়। যদি বাষ্পকে সঠিক ভাবে ব্যবহার করা যায়, তবে সেটা রেল ইঞ্জিন পর্যন্ত টেনে নিয়ে যেতে পারে... তা না হলে হাওয়ায় উবে গিয়ে সেটা নষ্ট হয়ে পড়ে। আপনার উদ্দীপনা হাওয়ায় উবে যাওয়া বাষ্পের মত ব্যর্থ করে দেবেন না। এর শক্তিকে চিনে নিয়ে আপনি ধনী হয়ে উঠতে পারেন। অনেক সময় দেখা যায়, অনেক লোক খুবই উদ্দীপনার সাথে কাজ শুরু করেন... কিন্তু ধীরে-ধীরে তাঁদের সেই উদ্দীপনা নষ্ট হয়ে পড়তে থাকে। এই ব্যাপারে খুবই সতর্ক থাকা প্রয়োজন। যে কোন মূল্যে নিজের উদ্দীপনা বজায় রাখুন... যাতে সফলতা প্রাপ্ত করতে পারেন। এই কথার অর্থ হল, যদি আপনার মধ্যে উদ্দীপনা থাকে, তবে আপনি নিজের ভবিষ্যতকে সামলে নিতে পারবেন। এই শক্তিকে সঠিক কাজে লাগিয়ে ধনী হতে পারবেন।

মনোবৈজ্ঞানিকদের মতে – লোকেরা অনেক সময় উদ্দীপনার বশে হুঁশ হারিয়ে ফেলে। যার ফলে তারা আকাংখিত সফলতা পায় না। তাই

আপনি কখনোই উদ্দীপনা হারাবেন না... কিন্তু বেশী উদ্দীপ্তও হবেন না। অত্যধিক উদ্দীপনায় আকাশ ছুঁতে চাওয়ার আশা আপনাকে ধরাশায়ী করে দিতে পারে। মনে রাখবেন, উদ্দীপনার বশে হুঁশ হারানো আপনার মাইনাস পয়েন্ট হয়। উদ্দীপনাতেও নিজের হুঁশ বজায় রাখুন। বিনোদ সম্পূর্ণ উদ্দীপনার সাথে টায়ার বানানোর ফ্যাক্টরী শুরু করেছিল। সে রাত-দিন সম্পূর্ণ উদ্দীপনার সাথে পরিশ্রম করতে শুরু করে... সে নিজের উদ্দীপনার সাথে হুঁশকেও বজায় রেখেছিল। ধনী হওয়ার ইচ্ছায় সে সময়ের মধ্যে সব কাজ শেষ করে এবং কিছু দিনের মধ্যেই ধনী ব্যক্তিতে পরিণত হয়।

উদ্দীপনা সর্বদা উদ্দীপনা থাকতে হবে, যা আপনাকে শিখরে নিয়ে যেতে পারে। উদ্দীপনা এমন হওয়া উচিত, যা আপনাকে সফলতার পথ দেখাবে। উদ্দীপনা এমন হওয়া উচিত, যেটা আপনাকে গন্তব্যে নিয়ে যাবে। উদ্দীপনা এমন হওয়া উচিত, যেটা আপনাকে ধনী করে তুলবে।

পাওয়ার টিপস্ – এটা ঠিক যে, বেশীর ভাগ লোকেই ধনী হতে চায়... কিন্তু তাদের মধ্যে ধনী হওয়ার মতন উদ্দীপনা থাকে না! যার ফলে তারা ধনী হতে পারে না।

17

ঝুঁকি নেওয়ার ক্ষমতা

যতক্ষন না আপনি ঝুঁকি অর্থাৎ রিক্স নিয়ে নিজের কাজ করবেন, ততক্ষন পর্যন্ত আপনি সফল হতে পারবেন না। যদি আপনার মধ্যে ঝুঁকি নেওয়ার ক্ষমতা থাকে, তবেই আপনি ধনী হতে পারবেন। পয়সা রোজগারের জন্য ঝুঁকি নেওয়ার ক্ষমতা থাকাটা খুবই জরুরী। ঝুঁকি নিয়েই ধনী হওয়া সম্ভব। ঝুঁকি না নিয়ে আজ পর্যন্ত কেউ ধনী হতে পারেনি।

পদমর্যাদা দেখে সফলতার মূল্যাংকন করা হয় না... বরং সফলতা প্রাপ্ত করার পথে আগত বাধাকে কি ভাবে জয় করা হয়েছে, তার ওপর করা হয়।

– বুকর টি. ওয়াশিংটন

তার হাতুড়ির দ্বারা আসা তুফানের থেকে অনেক বেশী শক্তিশালী কোমলতার থেকে প্রাপ্ত প্রেরণা। একটা গলিয়ে দেয় আর অন্যটা টুকরো করে দেয়।

– হেনরী ডেভিড

জীবনে হার-জিত তো আছেই। হারকেও সহজ ভাবে স্বীকার করতে জানতে হয়।

– রাখবেন্দ্র রাঠোর (ফ্যাশন ডিজাইনার)

জীবন আর ঝুঁকি পরস্পরের সাথে ওতোপ্রোত ভাবে জড়িত।

ঝুঁকি না নিলে আপনি কিছুই করতে পারবেন না। ড্রাইভিং শিখতে হলে দুর্ঘটনার কথা মাথায় রাখতে হবে। যদি স্যুইমিং শিখতে চান, তবে গভীর জলে নিমজ্জিত হওয়ার ঝুঁকি নিতে হবে। ঝুঁকি নেওয়ার ক্ষমতা উৎপন্ন করতে পারলেই আপনি উন্নতির রাস্তায় চলতে পারবেন। প. জহওরলাল নেহরুর মতে – সফলতা সাধারণতঃ তাদেরই প্রাপ্ত হয়... যারা ঝুঁকি নেয় এবং কাজ করে।

জগদীশ এক কোম্পানীর ইলেক্‌ট্রিক্যাল ইঞ্জিনিয়ার ছিল। সে খুব ভালো পদে কাজ করত। খুব ভালো বেতন পাওয়া সত্ত্বেও জগদীশ নিজের পদ আর কাজ নিয়ে খুশী ছিল না। সে আরও বেশী উপার্জন করতে চাইত... কিন্তু সে কোন রকম ঝুঁকি নিতে চাইত না। কারণ সে ঝুঁকি নিতে ভয় পেত। জগদীশের বন্ধু বিশ্বাসও তার সাথেই কাজ করত। সে জগদীশের থেকে জুনিয়র ছিল। সে-ও নিজের বেতনে খুশী ছিল না। সে ভাবত যে, সে নিজে ব্যবসা শুরু করলে এর থেকে অনেক বেশী উপার্জন করতে পারবে।

সে নিজেকে এ্যানালিসিস করল আর একদিন চাকরী ছেড়ে দিল। বিশ্বাসকে চাকরী ছাড়তে দেখে জগদীশ অবাক হয়ে যায়। সে বিশ্বাসকে জিজ্ঞাসা করে যে, চাকরীতে ভালো উপার্জন হওয়া সত্ত্বেও সে কেন চাকীর ছাড়ছে ? বিশ্বাস বলে যে, সে চাকরী ছেড়ে নিজের ব্যবসা শুরু করতে চায়। বিশ্বাসের কথা শুনে জগদীশ বিশ্বাস করতে পারছিল না। সে বিশ্বাসকে বলে – *“চাকরী ছেড়ে তুমি মস্ত বড় ভুল করছ। যদি তুমি ব্যবসায় সফল হতে না পার, তবে না তুমি এদিকের থাকবে, না ওদিকের !”* এই কথা শুনে বিশ্বাস বলে – *“ঝুঁকি তো নিতেই*

হবে। ঝুঁকি না নিলে কিছুই করা সম্ভব নয়।"

বিশ্বাস চাকরী ছেড়ে নিজের ব্যবসা শুরু করে। তার ব্যবসা ভালোই চলতে থাকে। আজ তার কোম্পানীতে পনেরো জন কর্মচারী কাজ করে। আজ বিশ্বাসের একটা আলাদা পরিচয় হয়ে গেছে। শহরের ধনীদের মধ্যে তার নামও আসে। বিশ্বাস ধনী হওয়ার জন্য ঝুঁকি নিয়েছিল আর সে ধনী হয়ে উঠেছিল। অন্য দিকে জগদীশ এখনও সেই কোম্পানীতেই কাজ করছে... যদি তার মধ্যে ঝুঁকি নেওয়ার ক্ষমতা থাকত, তবে আজ সে-ও ধনী হতে পারত। জগদীশের মতন লোকেরা শুধু ভাবতেই থাকে... কিন্তু ঝুঁকি নিতে পারে না আর বিশ্বাসের মতন লোকেরা ঝুঁকি নেয় এবং ধনী হয়ে ওঠে। ধনী হওয়ার জন্য ঝুঁকি নিতেই হবে।

পাওয়ার টিপস্ – যদি নিজের লক্ষ্যকে বাস্তবায়িত করতে চান, তবে ঝুঁকি নিতেই হবে।

●

18

অতি থেকে বাঁচুন

অতিরিক্ত কোন কিছুই ভালো নয়। ধনী হতে হলে এই অতিরিক্তের হাত থেকে বাঁচতেই হবে। বিশ্বাসপূর্ণ পদক্ষেপ ফেলতে হবে। অতিরিক্ত বিশ্বাসে পূর্ণ পদক্ষেপ ক্ষতিকারক হয়ে উঠতে পারে। আত্মবিশ্বাস খুবই ভালো কথা, কিন্তু অতিরিক্ত আত্মবিশ্বাস ক্ষতিকারক হতে পারে। জীবনে ভারসাম্য বজায় রাখুন, যাতে আপনি সামনের দিকে এগিয়ে লক্ষ্মী প্রাপ্ত করতে পারেন।

সুগন্ধী ফুল ধীরে-ধীরে ফোটে.... আর ঘাস শীঘ্র।

আপনি যদি সর্বোচ্চ শিখরে উঠতে চান, তাহলে সব চেয়ে নীচ থেকে চলতে শুরু করুন।

– সাইরস

যে দিন আপনি নিজের ব্যাপারে সম্পূর্ণ দায়িত্ব নেবেন, সেদিন আপনি আর অজুহাত দেখাবেন না। সেদিন থেকেই আপনি শিখরের দিকে এগোতে শুরু করবেন।

– ও. জি. সিম্পসন

অতিরিক্ত সবই জীবনের জন্য ক্ষতিকারক হয়। কারণ প্রতিটা জিনিষের নিজস্ব একটা গুরুত্ব থাকে। বেশী খেলা, বেশী আনন্দ-স্ফূর্তি করা, বেশী পড়া, বেশী শোওয়া, বেশী জাগা, বেশী কাঁদা, বেশী হাসা, বেশী খাওয়া, বেশী সেক্স করা, বেশী ফিগার কনসাস হওয়া, বেশী বিউটি কনসাস হওয়া বা অতিরিক্ত মেক্ আপ করা – এই সবই

ভালোর পরিবর্তে মন্দই করে। যদি আপনার মধ্যে অতিরিক্ত কোন কিছু থাকে, তবে সেটার হাত থেকে বাঁচার চেষ্টা করুন। ধনী হওয়ার দিকে পদক্ষেপ ফেলার সময় আপনি ভারসাম্য বজায় রাখতে পারেন কি না, সেদিকটা দেখে নিন। অতিরিক্ত উৎসাহ, অতিরিক্ত আত্মবিশ্বাসও ক্ষতিকারক। এতে ভারসাম্য বজায় না-ও থাকতে পারে।

রমেশের মধ্যে অতিরিক্ত আত্মবিশ্বাস ছিল। যে কারণে সে তীব্র

হাওয়ার মধ্যেও গঙ্গা নদী পার করার জন্য ঝাঁপ দেয়। সে অর্দ্ধেক রাস্তা পার করেই ক্লান্ত হয়ে পড়ে। তখন পরিস্থিতি এমন হয়ে পড়ে যে, সে না এই পারে, না ঐ পারে আসতে পারে। ক্লান্তির কারণে তার পক্ষে আর সাঁতার কাটা সম্ভব হচ্ছিল না। সে জলের মধ্যে ডুবতে থাকে আর একটা সময় তার হাত-পাও আর তাকে সঙ্গ দেয় না। রমেশ সাঁতারে সোনা পেয়েছিল। তাই তার মধ্যে অতিরিক্ত আত্মবিশ্বাস সৃষ্টি হয়ে পড়েছিল। সে ভেবেছিল যে, তীব্র হাওয়ার মধ্যেও সে সাঁতার কেটে গঙ্গা পার করতে পারবে। তার গোল্ড মেডেল কোন কাজেই লাগল না। অতিরিক্ত আত্মবিশ্বাসের ফলে সে গঙ্গায় ডুবে গেল। রমেশের মত আপনারাও নিজেদের মধ্যে অতিরিক্ত আত্মবিশ্বাস আনবেন না। আত্মবিশ্বাস আর অতিরিক্ত আত্মবিশ্বাসের মধ্যে অনেক পার্থক্য থাকে। আত্মবিশ্বাস থাকা খুবই ভালো... কিন্তু অতিরিক্ত আত্মবিশ্বাস

থাকাটা ভালো কথা নয়। আত্মবিশ্বাস সফলতা দেয়... কিন্তু অতিরিক্ত আত্মবিশ্বাস ক্ষতি করে। তাই সর্বদা অতিরিক্তের হাত থেকে দূরে থাকুন।

সফল লোকেরা অতিরিক্ত কোন কিছুকেই সঠিক বলে মনে করেন না। তাঁদের মতে অতিরিক্ত একটা খারাপ অভ্যাস। তাঁরা এর থেকে দূরে থাকারই পরামর্শ দেন। মনোবৈজ্ঞানিকেরা যে কোন ব্যাপারে অতিরিক্তকে এ্যাডিক্শন বলে মনে করেন... যা এক প্রকারের নেশা হয়। এমন এ্যাডিক্শনের হাত থেকে বাঁচতে হবে। এ্যাডিক্শন জীবনকে নস্ট করে দেয়। যে কোন প্রকারের এ্যাডিক্শন শারীরিক আর মানসিক দিক থেকে ক্ষতিগ্রস্ত করে তোলে। এটা যে কোন রূপেই হতে পারে... এটার হাত থেকে বাঁচতে হবে। এর থেকে বাঁচার জন্য ভারসাম্য বজায় রেখে পা বাড়ান।

ধনী হওয়ার জন্য আপনি অতিরিক্ত আত্মবিশ্বাসের সাথে কোন ঝুঁকিপূর্ণ পদক্ষেপ নিয়ে ফেলবেন না। ভারসাম্য রেখে পা ফেলেই আপনি কুবেরের ধন-ভাণ্ডারে পৌঁছতে পারবেন। অতিরিক্তের হাত থেকে দূরে থেকে চিন্তা-ভাবনা করে পা ফেলুন... তবেই আপনি সফলতা প্রাপ্ত করবেন। ধীরে-ধীরে পা ফেলুন ক্ষতি নেই... কিন্তু প্রতিটা পদক্ষেপ যেন সফলতা পূর্ণ হয়। অতিরিক্ত আত্মবিশ্বাস থেকে বাঁচতে পারলে আপনি ধনাঢ্যতার চৌকাঠে পা রাখতে পারবেন।

পাওয়ার টিপস্ – আত্মবিশ্বাসের দ্বারা সফলতা পাওয়া সম্ভব... কিন্তু অতিরিক্ত আত্মবিশ্বাস ক্ষতিই করে।

●

19

অসম্ভব

ধীরুভাই অম্বানীর মতে – *'না'* কোন উত্তর নয়। *'না'* অর্থাৎ অসম্ভব। যদি ধনী হতে চান, তবে অসম্ভবের মত শব্দগুলিকে নিজের জীবন থেকে বার করে ফেলতে হবে। এই শব্দ ধনী হওয়ার পথে বাধার সৃষ্টি করে। যাঁরা জীবনে এই শব্দগুলিকে প্রাধান্য দিয়েছেন, তাঁরা আজও দারিদ্রতার জীবন কাটাচেছন। ধনী হতে হলে অসম্ভব শব্দকে ভুলতে হবে। অসম্ভব শব্দকে নিজের জীবন থেকে বার করেই আপনি ধনী হতে পারেন।

জোনাকী ততক্ষনই চমকায়, যতক্ষন সেটা ওড়ে! মনের অবস্থাও এমনই হয়। আমরা দাঁড়িয়ে পড়লেই অন্ধকারে জড়িয়ে পড়ি।

– বেলী

আমার শব্দকোষে 'অসম্ভব' বলে কোন শব্দ নেই।

– নেপোলিয়ন বোনাপার্টে

মানুষের হার-জিতের জন্য তার মন দায়ী হয়!

– এমারসন

অন্যান্য আবিস্কারকের এটাই সমস্যা যে, তাঁরা গবেষণায় ব্যর্থ হয়ে গেলে হার মেনে নেন। কিন্তু আমি যা বলি, যতক্ষন না সেটা প্রাপ্ত করি, ততক্ষন আমি লেগে থাকি।

– থমাস এডিসন

নিষ্ঠার অর্থ হল 15 বার ব্যর্থ 16 বারের বার সফল হওয়া।

– জে. এ্যাণ্ড্রুজ

মেরী এঞ্জেলব্রাইটের মতে – যদি আপনার কিছু পছন্দ না হয়, তবে তা বদলে ফেলুন। যদি সেটা বদলাতে না পারেন, তবে সেই সম্পর্কে চিন্তা করার পদ্ধতি বদলে ফেলুন।

ড্যানিয়েল ওয়েবস্টারের মতে – *'ইম্পসিবল'*-য়ের প্রধান কারণ ধনের অভাব নয়... বরং শক্তি এবং সামর্থ্যের অভাব হয়। যদি জীবনে সফল হতে চান... ধনী হতে চান, তবে নিজের অভিধান থেকে *'ইম্পসিবল'*

শব্দটা ছেঁটে ফেলুন। নেপোলিয়ন বোনাপার্টের মত ভাবুন যে, আপনার শব্দকোষে *'অসম্ভব'* বলে কোন শব্দই নেই। যদি এই শব্দ আপনার জীবনে না থাকে, তবে আপনি সফলতার শিখরে পৌঁছে যেতে পারবেন।

'জানি না সফল হতে পারব কি না' – যাঁরা এই ধরণের চিন্তা করেন, তাঁদের মনে *'অসম্ভব'* শব্দটি খুবই প্রভাব বিস্তার করে... যেটা তাঁদের যে কোন কাজ করতে বাধা দেয়... তাঁদের সফলতার পথে বাধার সৃষ্টি করে। তাঁদের সফলতার থেকে পেছিয়ে নিয়ে যায় এবং এগিয়ে যাওয়ার পথে বাধার সৃষ্টি করে। *"হাম হোঙ্গে কামিয়াব একদিন, মন মেঁ হ্যায় বিশ্বাস, পুরা হ্যায় বিশ্বাস... হাম হোঙ্গে কাময়িাব একদিন... !"* – এই পংক্তি একশো শতাংশ সফলতা প্রদান করে। কারণ এর সাথে *'অসম্ভব'* শব্দটির কোন সম্পর্ক নেই। যদি জীবনে *'অসম্ভব'* শব্দটিকে অন্তর্ভুক্ত করেন, তবে সেটা আপনাকে ভীতু করে তুলবে... আপনাকে এগোনোর পথে বাধা দেবে এবং আপনি ভীড়ের অংশ হয়েই থেকে যাবেন। যদি তার হাত থেকে বাঁচতে চান, তবে এই শব্দটিকে ভুলতে হবে। নিজের মধ্যে *'আই ক্যান উইন'* – এই ভাব বিকশিত করতে

হবে। *'ট্রাই এ্যাণ্ড ট্রাই'* অর্থাৎ চেস্টা... আরও চেস্টা – এই নীতিতে চলতে হবে।

বৈজ্ঞানিকেরা *'অসম্ভব'* শব্দটাকে ভুলতে পেরেছিলেন বলেই আকাশের উচ্চতা এবং সমুদ্রের গভীরতা মাপতে পেরেছিলেন। সফল ব্যক্তিদের জীবনে *'অসম্ভব'*-য়ের মতন মামুলী শব্দের কোন অস্তিত্ব নেই। তাঁরা এই শব্দটিকে চেনেনও না... জানেনও না। তাঁরা যে কাজই করুন না কেন, তা *'পসিবল'* অর্থাৎ সম্ভব ভেবেই করেন।

'ইম্পসিবল' শব্দটাকে ভালো করে লক্ষ্য করলে বুঝতে পারবেন যে, *'ইম্পসিবল'* শব্দটার মধ্যেই *'পসিবিলিটি'* লুকিয়ে আছে। *'ইম্পসিবল'*-কে ভাগ করলে আপনি পাবেন *'আই'*, *'এম'* আর *'পসিবল'* অর্থাৎ আমি সফল। যদি *'ইম্পসিবল'*-য়ের মধ্যেই *'পসিবিলিটি'* থাকে, তবে ব্যর্থতার প্রশ্ন আসছে কোথা থেকে? আপনিও এই শব্দটা বদলে ফেলুন। *'ইম্পসিবল'*-কে বদলে *'আই এম পসিবল'* করে তুলুন। যদি আপনি এমনটা করতে পারেন, তবে আপনাকে ধনী হতে কেউ বাধা দিতে পারবে না।

পাওয়ার টিপস্ – জীবন থেকে *'অসম্ভব'* শব্দটা বার করে সব কাজ করুন... তারপর বুঝবেন যে, সব কাজই সফল।

●

20

ভাগ্যবাদ ত্যাগ করুন

ধন-দৌলত, নোট-ডলার, পাউণ্ড-য়ুরো – যাই পেতে চান না কেন, তার জন্য ভাগ্যবাদকে ছাড়তে হবে। কারণ এই সমস্ত কিছু ভাগ্যের ভরসায় পাওয়া সম্ভব নয়। যতক্ষন না আপনি ভাগ্যবাদকে ছাড়বেন, ততক্ষন পর্যন্ত আপনি ধনী হতে পারবেন না। ধনী হওয়ার জন্য কর্মের প্রতি বিশ্বাস রাখতে হবে! আপনি যেমন কর্ম করবেন, তার ফলও তেমনিই পাবেন।

ভাগ্য কর্মবাদী ব্যক্তিকে সাহায্য করে আর ভাগ্যবাদীদের মূর্খ করে রাখে। যাকে আমরা ভাগ্যের কৃপা বলে মনে করি, তা আসলে আমাদের চিন্তা-ভাবনা এবং পরিশ্রমের ফল।

– হেন্‌রী স্ল্যুস্টর

ক্ষুধা ভাগ্য মনে করা হতাশার প্রতীক... যা জীবনকে নরক করে তোলে।

– লর্ড স্যান্টরফীল্ড

পৃথিবীতে কোন ব্যক্তি বস্তুতঃ ভাগ্যবাদী নয়... কারণ আমি এমন কোন মানুষ দেখিনি, যে ঘরে আগুন লেগেছে শুনে চুপ করে নিশ্চিন্তে বসে থাকে।

– জে. বি. হাল্ডেন

ভাগ্যের ওপরে ভরসা রাখুন... কিন্তু তাকে আশ্রয় করে ফেলবেন না।

– অজ্ঞাত

ভাগ্যের লিখন আপনি বদলাতে পারেন... কিন্তু তার জন্য আপনাকে ভাগ্যের বিরুদ্ধে যুদ্ধ ঘোষণা করতে হবে।

– কুমার মনোজ

পরিশ্রমী ব্যক্তিরা ভাগ্যকে জয় করতে পারেন। সেই জয় আপনিও প্রাপ্ত করতে পারেন। যাঁরা মান-সম্মান, সুখ-সমৃদ্ধি, ধন-দৌলত পাওয়াকে ভাগ্যের লেখন বলে মনে করেন... তাঁরা কখনোই ধনী হতে পারেন না। আমেরিকার প্রসিদ্ধ রাষ্ট্রপতি হেন্‌রী স্ল্যুস্টরের মতে – যাকে আমরা ভাগ্যের কৃপা বলে মনে করি, বাস্তবে সেটা আমাদের চিন্তা-ভাবনা আর কঠিন পরিশ্রমেরই ফল হয়। এ্যালবার্ট আইনস্টাইনের মতে – মানুষ তার জীবনকে দু ভাবে কাটায় – এক, কিছুই আশ্চর্য্যজনক নয় আর দ্বিতীয়তঃ সবই আশ্চর্য্যজনক।

রাস্তায় বসে থাকা সেই জ্যোতিষি সম্পর্কে আপনি কি ভাবেন... যে লোকের হাত দেখে তাদের ভাগ্যের লেখন বলে দেয় ? যে নিজের ভাগ্যই জানে না, সে অপরের ভাগ্যের কথা কি করে বলবে ? তা সত্ত্বেও লোকেরা তার থেকে নিজেদের ভাগ্যের কথা জানতে যায়। এমন স্হানও আছে, যেখানে মানুষ লাইন দিয়ে দাঁড়িয়ে থাকে।

স্বেট মার্ডেনের মতে – কর্মের থেকেই ভাগ্য তৈরী হয়। চেস্টা, নিস্ঠা এবং পরিশ্রমের জোরে আমরা নিজেরাই নিজেদের ভাগ্য-বিধাতা হয়ে উঠতে পারি... নিজের হাতে নিজের ভাগ্য সামলাতে পারি। আমাদের জীবনের স্বপ্নগুলোকে সাকার করার জন্য নিজেদেরই চেস্টা করতে হয়।

ভাগ্যই জীবনের নৌকা হয়! তার ভরসা ছাড়লে মানুষ ভবসাগরে বয়ে যাবে। লুকমানের মতে – শুধু নৌকার সাহায্যেই তীরে উপনীত হওয়া যায় না... তার জন্য হাত-পা ছুঁড়তেও হয়। ভাগ্যের ভরসায় কেউ ধনী হতে পারে না। ধনী হওয়ার জন্য ভাগ্যের পথ ছেড়ে কর্মবাদী

হতে হবে। কর্মের পথে চলেই আপনি ধনী হতে পারবেন। আপনি যখন ধনী হওয়ার জন্য চেস্টা করবেন, পরিশ্রম করবেন, ভাগ্যের ওপরে ভরসা করবেন না... একমাত্র তখনই আপনি ধনাঢ্যের শিখরে পৌঁছতে পারবেন।

একবার কোন এক জ্যোতিষি নেপোলিয়নকে বলেছিল – *"আপনার হাতে রাজা হওয়ার রেখাই নেই।"* তখন নেপোলিয়ন ছুরী দিয়ে হাত কেটে বলে ছিলেন – *"এখন তো রাজা হওয়ার রেখা তৈরী হয়ে গেছে, তাই না ?"* শেষ পর্যন্ত একদিন নেপোলিয়ন রাজা হয়ে দেখিয়ে দিয়েছিলেন। যদি নেপোলিয়ন ভাগ্যের ওপরে ভরসা করে বসে থাকতেন, তবে তিনি কোন দিনও রাজা হতে পারতেন না!

আপনিও ভাগ্যের ওপরে ভরসা করবেন না। ভাগ্যের ওপরে ভরসা করে থাকার পরিবর্তে নিষ্ঠা, পরিশ্রম এবং বুদ্ধির ওপরে ভরসা করুন। কর্ম করে চলুন... কর্মই আপনাকে ধনী করে তুলবে। ধনী হওয়ার বিশেষ কয়েকটা সূত্রের মধ্যে অন্যতম হল কর্ম।

পাওয়ার টিপস্ – সফলতা এবং ব্যর্থতা আমাদের হাতে নেই... কিন্তু চেস্টা চালিয়ে যেতেই হবে।

●

21

সময়ের সাথে চলুন

যদি ধনী হতে চান তবে সময়ের সাথে তাল মিলিয়ে চলুন। বর্তমান যুগে দ্রুত গতিতে পৃথিবী পরিবর্তিত হচ্ছে। বিশ্বের সাথে আপনাকেও দ্রুত গতিতে বদলাতে হবে। আপনি যদি পৃথিবীর সাথে তাল মিলিয়ে চলতে না পারেন, তবে আপনি ধনী হতে পারবেন না। বিশ্ব যেরকম দ্রুত গতিতে বদলাচেছ আপনাকেও তেমনই দ্রুত গতিতে বদলাত হবে তবেই তো আপনি ধনাত্যের শিখরে পৌঁছতে পারবেন।

যে ব্যক্তি সময়ের অপচয় করে... সে জীবনের মূল্যই বোঝে না!

– চালর্স ডারউইন

জীবনে অর্দ্ধেক ভুল এই কারণে হয় যে, যেখানে আমাদের চিন্তা করে কাজ করা উচিত... সেখানে আমরা ভাবুক হয়ে উঠি আর যেখানে ভাবুক হওয়া আবশ্যক, সেখানে ভাবনা-চিন্তা করতে থাকি।

– কার্লিস

কোন গোল ছিদ্রে সমতল পেরক ঢুকতে পারে না। কিন্তু সমতল ছিদ্রে গোল পেরেক অনায়াসেই ঢুকে যায়।

– অজ্ঞাত

শৈশবে আপনারা নিশ্চয়ই কচছপ আর খরগোশের গল্প শুনেছেন। তাতে কচছপ ধীর গতিতে চলেও খরগোশকে হারিয়ে দেয়। কিন্তু আজ আর সেই যুগ নেই। বর্তমান যুগকে স্যাটেলাইটের যুগ বলা হয়। এই যুগে

যে কচ্ছপের গতিতে চলবে, সে ভীড়ে সবার পেছনে থাকবে।

কম্প্যুটার, সাইবার আর নেটের যুগে আপনি কচ্ছপের গতিতে চললে কখনই অভিস্ট স্থানে পৌঁছতে পারবেন না। যদি অর্থ চান, তবে সময়ের সাথে চলতে হবে... সময়ের সাথে পা মিলিয়ে এগোতে হবে... সময়ের সাথে দৌড়তে হবে। কলুর বলদ বা কূপমণ্ডুক হয়ে থাকলে কাজ হবে না। বর্তমান যুগের সাথে পা মিলিয়ে কাজ শুরু করতে হবে।

একজন কম্প্যুটার সোফ্টওয়্যার নির্মাতা নতুন-নতুন সোফ্টওয়্যার বানিয়ে জীবন যাপন করত। একদিন তার কম্প্যুটার নদীতে পড়ে যায়। সে শৈশবে একটা ঘটনা শুনেছিল, যাতে এক কাঠুরের কুড়ুল নদীতে পড়ে গিয়েছিল। সে কুড়ুল ফিরে পাওয়ার জন্য জলদেবীর কাছে প্রার্থনা করেছিল। তখন জলদেবী এসে তাকে প্রথমে সোনার কুড়ুল, তারপর রূপোর কুড়ুল আর সব শেষে তার লোহার কুড়ুল এনে দেয়। এই গল্প মনে আসতেই সেই সোফ্টওয়্যার নির্মাতা জলদেবীকে প্রসন্ন করার জন্য তাঁর প্রার্থনা শুরু করে দেয়।

জলদেবী এসে দেখা দেন। সে জলদেবীর কাছ থেকে তার কম্প্যুটার ফেরত চায়। জলদেবী তাকে একটা পেন্টিয়াম-10 কম্প্যুটার এনে দেন। সে এই কম্প্যুটার দেখে বলে যে, সেটা তার নয় এবং ফিরিয়ে দেয়। জলদেবী আবার জলের নীচ থেকে পেন্টিয়াম-20 কম্প্যুটার নিয়ে আসেন। সোফ্টওয়্যার নির্মাতা তখনও বলে যে, সেটা তার নয় আর ফিরিয়ে দেয়। তখন জলদেবী তাকে একটা পেন্টিয়াম-4 কম্প্যুটার এনে দেন। সোফ্টওয়্যার নির্মাতা খুশী হয়ে ওঠে আর সে জলদেবীকে লক্ষাধিক

ধন্যবাদ জ্ঞাপন করে।

জলদেবী তাকে বলেন – *"আমি তোমার সততা দেখে খুশী হয়েছি। তুমি আমার কাছ থেকে একটা বর চাইতে পারো।"*

সোফ্‌টওয়্যার নির্মাতা দেবীর কাছে একটা নতুন পেন্টিয়াম-4 কম্‌প্যুটার চায়। এই কথা শুনে জলদেবী খুবই রুস্ট হয়ে বলেন – *"তুমি জীবনে কখনোই উন্নতি করতে পারবে না... কারণ তুমি আজও কচ্ছপের গতিতেই চলছ। আজ পৃথিবী কোথা থেকে কোথায় পৌঁছে গেছে! বৈজ্ঞানিকরা পেন্টিয়াম।25 কম্‌প্যুটারের সন্ধান করছে আর তুমি আজও এই পেন্টিয়াম-4 কম্‌প্যুটার নিয়েই পড়ে আছো।"*

এই কথা বলে জলদেবী অন্তর্ধান হয়ে যান। এই কথার অর্থ হল যে, যদি আপনি যুগের সাথে তাল মিলিয়ে চলতে না পারেন... তবে দেব-দেবীরাও আপনাকে সাহায্য করতে পারবেন না। সময়ের সাথে চলুন... সময় অনুসারে নিজেকে বদলে ফেলুন... সময়ের গতিকে চিনুন। যে এই গতিকে চিনতে পারে, সেই ধনাঢ্যতার শিখরে পৌঁছতে পারে।

পাওয়ার টিপস্‌ – যারা সময়ের সাথে চলে, তারাই উন্নতির শিখরে পৌঁছতে পারে।

22

এক ছোট্ট আইডিয়া

যদি আপনার কাছে একটা ছোট্ট আইডিয়া থাকে, তবে আপনি এই পৃথিবী বদলাতে পারবেন। মাথায় এমন কোন আইডিয়া আনুন, যা কারো কাছে নেই। আইডিয়া হিট্ হলে আপনিও হিট্! একটা ভালো আইডিয়াই আপনাকে অতি শীঘ্র ধনী বানাতে পারে!

অসন্তুষ্ট ব্যক্তির কাছে সমস্ত কর্তব্য নীরস। সে কখনোই কোন কিছুতেই সন্তুষ্ট হয় না। ফলস্বরূপ তার জীবন ব্যর্থ হওয়াই স্বাভাবিক।

– স্বামী বিবেকানন্দ

নেপোলিয়ান হিল্‌স তাঁর বই *'থিঙ্ক গ্রো রিচ'*-তে লিখেছেন, জীবনে গুরুত্বপূর্ণ কিছু ভাবুন। বড় আইডিয়া আনুন আর ধনী হয়ে যান। একটা সময়ে চিক্ শ্যাম্পুর নির্মাতা 50 পয়সার মূল্যের শ্যাসে বার করে উপভোক্তাদের দুনিয়ায় হৈ-চৈ ফেলে দেয়। কোম্পানী এই ছোট্ট আইডিয়ার মাধ্যমে কোটি টাকার ব্যবসা করে। দেখতে গেলে 50 পয়সা মূল্যের আইডিয়াটা অতি ছোট হলেও সেটা কোন কোম্পানীর মাথাতেই আসেনি। ভারতের বাজারে সব থেকে কম দামের শ্যাম্পু বিক্রেতা দেখতে-দেখতে নম্বর ওয়ানের শ্রেণীতে এসে দাঁড়ায়। সেলিম-জাভেদের লেখা ফিল্ম *'শোলে'*-র আইডয়া এত পাওয়ারফুল ছিল যে, এই ফিল্ম নির্মাতা একটা নতুন ইতিহাস গড়ে তোলেন। সুপার-ডুপার হিট্ এই ফিল্মের সমস্ত অভিনেতা-অভিনেত্রী প্রচুর নাম আর টাকা কামান! কারসন

ভাইদের ডিটারজেন্ট পাউডারের আইডিয়াও লোকেদের খুবই পছন্দ হয়। *"নিরমা ওয়াশিং পাউডার... নিরমা... নিরমা...!"* লোকেদের মুখে-মুখে ঘুরে বেড়াতে থাকে! আজ পরিস্থিতি এমন যে, মানুষ ওয়াশিং পাউডার হিসাবে *'নিরমা'*-ই চায়। দশ জনের মধ্যে আট জন গ্রাহক ওয়াশিং পাউডার না চেয়ে *'নিরমা'*-ই চায়। এগুলি আইডিয়ারই ফল! আজ কারসন ভাইয়েরা ধনীদের শ্রেণীতে নিজের স্থান করে ফেলেছেন।

অটোমোবাইল উদ্যাগী হেন্‌রী ফোর্ড-য়ের মাথায় আট সিলিণ্ডার যুক্ত একটা ইঞ্জিন বানানোর আইডিয়া আসে। যার আট্টা সিলিণ্ডার একটাই ব্লকে থাকবে। এই মডেল তৈরী হওয়ার পর সেটা শুধু আমেরিকাতেই নয়... সারা বিশ্বে নিজের স্থান করে নিয়েছিল। আজ ফোর্ড গাড়ীর একটা আলাদা অস্তিত্ব রয়েছে। এর জন্য হেন্‌রী ফোর্ডের আইডিয়াকেই ধন্যবাদ দেওয়া হয়। য়াহু-র মালিক সমীর ভাটিয়ার ফ্রী ই-মেল পাঠানোর আইডিয়া সারা বিশ্বে হৈ-চৈ ফেলে দিয়েছিল। ভাটিয়া য়াহু-র মাধ্যমেই ফ্রী ই-মেল পাঠাতে শুরু করেছিলেন। এছাড়াও কোম্পানী কোটি ডলনারের ওপর লাভ করে। এটা ভাটিয়ার আইডিয়ারই ফল।

শাহনাজ হুসেন সেই সময় বিউটি-র জগতে পা রেখেছিলেন, যখন মানুষ বিউটি সম্পর্কে ততটা সচেতন ছিল না। শাহনাজ হুসেনের আইডিয়া খুবই লাভদায়ক বলে প্রমাণ হয়। আজ ভারতের প্রায় প্রত্যেক বড়-বড় শহরেই ওনার বিউটি পার্লার আছে। শাহনাজ হুসেন বলেছিলেন যে, যখন তিনি লণ্ডনে পড়াশোনা করতেন... তখন তাঁর এক বন্ধু ছিল, যে অত্যন্ত সফল মডেল ছিল। সে একটা রাসায়নিক সান ট্যান লোশন ব্যবহার করে সম্পূর্ণ পুড়ে যায়। ওনার সেই বন্ধু এতটাই আহত হয়েছিল যে, সে আত্মহত্যা করে নিয়েছিল।

বন্ধুর আত্মহত্যার কারণে শাহনাজ এতটাই দুঃখ পেয়েছিলেন যে, তিনি ঠিক করেছিলেন আয়ুর্বেদ, গাছ এবং শেকড়-বাকড় থেকেই সৌন্দর্য্যের প্রসাধন তৈরী করবেন। আজ উনি সৌন্দর্য্য প্রসাধনের সাম্রাজ্য তৈরী করে ফেলেছেন। ফিট্‌নেসের প্রতি লোকেদের সচেতনতা দেখে বিষ্ণু তলবলকর ব্যায়ামের নিজের শখকে ব্যবসায় রূপান্তরিত করে পুরো ভারতে *'তলবলকর্স জিম'*-কে সব থেকে বড় চেনের রূপে ছড়িয়ে

দিয়েছেন!

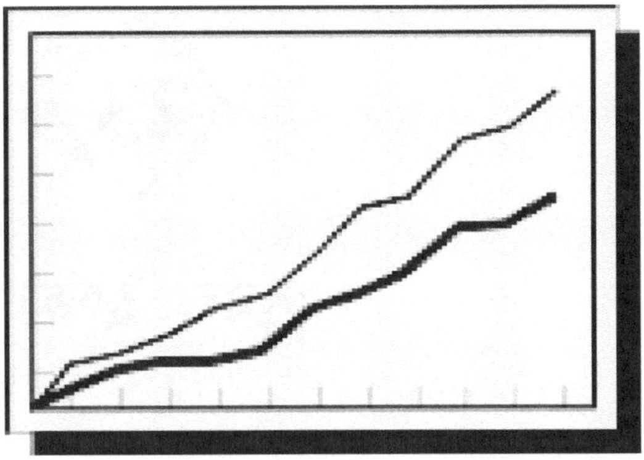

এই কথাগুলো বলার অর্থ হল এই যে, কোন একটা নতুন আইডিয়া আপনাকে সফলতার শিখরে নিয়ে যেতে পারে। যদি আপনি আইডিয়া তৈরী করতে পারেন, তবে আপনিও এগিয়ে যাবেন... আইডিয়া বানাতে পারলে আপনি জিততে পারবেন... আইডিয়া থাকলে আপনিও ধনী হতে পারবেন... আইডিয়া পরশ পাথরের মতন আপনার জীবনকে সোনা করে তুলতে পারে... আপনি ধনী হয়ে উঠতে পারেন। তাহলে আর দেরী কিসের? আপনিও একটা ভালো আইডিয়া বানান। একটা ভালো আইডিয়া খুঁজে পেলে আর কেউ আপনাকে ধরে রাখতে পারবে না।

পাওয়ার টিপস্ – বড় আইডিয়াই আপনাকে বড় করতে পারে।

23

প্রবল ইচ্ছা

যতক্ষন না আপনার মধ্যে পয়সা উপার্জন করার জন্য প্রবল ইচ্ছার সৃষ্টি হবে, ততক্ষন পর্যন্ত আপনি অর্থ উপার্জন করতে পারবেন না। ধনী হওয়ার জন্য অর্থ উপার্জনের ব্যাপারে প্রবল ইচ্ছা উৎপন্ন করতে হবে আর সেই ইচ্ছা বজায়ও রাখতে হবে। এটাকে শেষ হতে দেবেন না। তবেই আপনি ধন-দৌলতের মালিক হতে পারবেন। পয়সা উপার্জনের প্রবল ইচ্ছাই আপনাকে কুবেরের সম্পত্তি পর্যন্ত নিয়ে যেতে পারে এবং আপনাকে ধনী করে তুলতে পারে!

নিজের লক্ষ্যকে ভুলবেন না... অন্যথা যাই পাবেন, তাতেই সন্তুষ্ট হয়ে যাবেন।

– অজ্ঞাত

মনের ইচ্ছাগুলোকে বীরত্ব এবং সাহসিকতার হাত আর মস্তিষ্কের দ্বারা কার্যে পরিণত করুন... তা না হলে সেটা স্বপ্নই থেকে যাবে।

– এমার্সন

মন আইসবার্গের মত হয়, যেটার কেবলমাত্র সপ্তম ভাগই জলের ওপরে ভাসে।

– সিগমণ্ড ফ্রয়েড

আপনি যত বেশী আপনার জীবনের প্রশংসা করবেন এবং তার জন্য আনন্দ উৎসব করবেন... তত বেশী করে আনন্দোৎসব করার সুযোগ পাবেন।

– ওপরা উইনফ্রে

একটা কথা ভালো করে জেনে নিন... যদি ধনী হতে চান, তবে আপনাকে নিজের মনের মধ্যে প্রচুর অর্থ উপার্জনের প্রবল ইচ্ছা রাখতে হবে। আপনি প্রবল ইচ্ছার দ্বারাই ধনী হতে পারেন। ধনী হওয়ার জন্য পরিকল্পনা গড়ার সময় ইচ্ছাকে তুচ্ছ মনে করবেন না। প্রবল ইচ্ছা ভোলা মূর্খামির সমান। অর্থ উপার্জন করার প্রবল ইচ্ছার মধ্যেই ধনী হওয়ার বীজ লোকানো থাকে।

মনোবৈজ্ঞানিকদের মতে – ইচ্ছা এবং প্রবল ইচ্ছার মধ্যে পার্থক্য থাকে। সেটা জানা আর বোঝা খুবই জরুরী। ইচ্ছা সেটাই হয়... যেটা আপনি বলেন, কিন্তু করেন না। প্রবল ইচ্ছা আপনার স্বপ্নকে স্বার্থক করার জন্য আপনাকে লক্ষ্য পূরণে বাধ্য করে তোলে। নিজের ভেতরে ইচ্ছা নয়, প্রবল ইচ্ছা উৎপন্ন করুন।

রাইট ভাইদের হাওয়ায় ওড়ার প্রবল ইচ্ছা ছিল আর তাঁরা ওড়ার জন্য যন্ত্রও তৈরী করেন। তাঁদের ভেতরের প্রবল ইচ্ছার জন্যই এই সব কিছু সম্ভব হয়েছিল। সুপ্রসিদ্ধ লেখক ডেল কারনেগীর মতে – যার মনে এগোবার ইচ্ছা থাকে না, সে কখনই এগোতে পারে না।

মোন্ট্রোন এক স্থানে বলেছেন – মনের প্রবল ইচ্ছার মধ্যে সেই জাদু থাকে, যা বাস্তবকে রূপায়িত করে। যে সব ব্যক্তিরা সফলতার ইতিহাস লিখেছেন, তাঁদের প্রবল ইচ্ছাই তাঁদেরকে মহান করে তুলেছে। নেপোলিয়ন হিলের মতে – প্রবল ইচ্ছা কোন কিছু শুরু করার সেই বিন্দু হয়, যেখান থেকে স্বপ্নদর্শী ব্যক্তি তাঁর নিজের পথ চলা শুরু করেন। নিজের স্বপ্নকে সাকার করার জন্য আপনার ভেতরে প্রবল ইচ্ছা

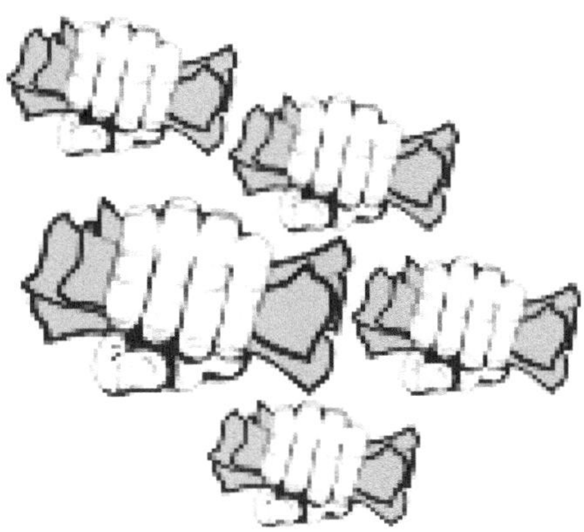

থাকতে হবে।

জীবনে আপনি কি পেতে চান, আপনার ভেতরে তার জন্য প্রবল ইচ্ছা সৃষ্টি হওয়ার পরই আপনি সেই জিনিসটা পাওয়ার চেষ্টা করতে পারেন। যদি আপনার ভেতরে সেটা পাওয়ার ব্যাপারে প্রবল ইচ্ছা না থাকে, তবে আপনি সেটা পাওয়ার চেষ্টাই করবেন না।

যদি ধনী হতে চান, তবে সবার প্রথমে নিজের মধ্যে প্রবল ইচ্ছা জাগান... প্রবল ইচ্ছা ধরে রাখুন... সেটাকে শেষ হয়ে পড়তে দেবেন না। এই প্রবল ইচ্ছাই একদিন আপনাকে দৌলতের স্তুপের সামনে নিয়ে যাবে এবং আপনাকে মালামাল করে দেবে... আপনাকে ধনী করে তুলবে।

প্রবল ইচ্ছা একটা বিশেষ কাজ করে – এটা উদাসীনতা এবং অলসতা সৃষ্টি হতে দেয় না। উদাসীনতা এবং অলসতা খুবই খারাপ জিনিষ হয়। এই দুটোই উন্নতির পথে সব চেয়ে বড় বাধার সৃষ্টি করে। এই দুটোর হাত থেকে বাঁচার জন্য নিজের ভেতর প্রবল ইচ্ছা জাগ্রত করুন।

পাওয়ার টিপস্ – আপনার ভেতরে কোন কিছু প্রাপ্ত করার প্রবল ইচ্ছা থাকলে আপনি সেটা অবশ্যই প্রাপ্ত করবেন!

24

পাগলামী করাটা জরুরী হয়

পাগলামীর অর্থ হল বাতিকগ্রস্ততা। আপনার ভেতরে টাকা পাওয়ার জন্য বাতিক থাকতে হবে। মনের ইচ্ছা শক্তি এবং কাজের ব্যাপারে পাগলামী থাকলে সেই প্রয়াসই আপনাকে ধনী করে তুলতে পারে। ধনী হতে চাইলে ধনী হওয়ার জন্য বাতিক উৎপন্ন করতে হবে। যারা শূণ্য থেকে শিখরে পৌঁছেছেন, তাঁদের সকলের মধ্যেই এই বাতিক ছিল আর সেই কারণেই তাঁরা ধনী হতে পেরেছেন!

যদি মানুষ তার আশা-আকাংখাকে অর্দ্ধেক করে নিত... তবে তার কঠিনতা দ্বিগুণ হয়ে উঠত।

– বেঞ্জামিন ফ্র্যাঙ্কলিন

নিজেকে চিনুন, নিজের ওপরে নিয়ন্ত্রণ রাখুন, নিজেকে প্রস্তুত করান।

– ইউনানী প্রবাদ

যদি আপনি লক্ষ্যকে ভেদ করতে চান... তাহলে তার থেকে সামান্য ওপরে নিশানা লাগান... যে কোন উড়ন্ত তীর মাধ্যাকর্ষণের শিকার হয়।

– হেনরী ব্যাডসওয়ার্থ

যদি ধনী হতে চান, তবে আপনার ভেতরে অর্থ উপার্জনের বাতিক

থাকতে হবে। যদি থাকে, তবেই আপনি ধনী হতে পারবেন আর যদি না থাকে, তবে আপনি যেখানে ছিলেন... সেখানেই থেকে যাবেন। ধনী হওয়ার জন্য... সফলতা পাওয়ার জন্য... কিছু করে দেখানোর জন্য আপনার ভেতরে অবশ্যই সেই ব্যাপারে পাগলামী থাকতে হবে। তবেই তা পাওয়া সম্ভব। আজ পর্যন্ত যত লোক ধনী হতে পেরেছেন, তাঁদের ভেতরে অর্থ উপার্জনের ব্যাপারে পাগলামী ছিল। তবেই তাঁরা ধনীদের তালিকায় নিজেদের স্থান করে নিতে পেরেছেন। এশিয়ার *'পারফিউম কিং'* রূপে পরিচিত দাদী বলসারা বলেন – যদি কারো মধ্যে ব্যবসা করার পাগলামী থাকে এবং নতুন কিছু করার ইচ্ছা থাকে... তবে তাকে পৃথিবীর কোন শক্তিই সফল হতে আটকাতে পারবে না। দাদীকেও ধনী হতে কেউ আটকাতে পারেনি। দাদীর কাছে মাত্র কয়েক হাজার টাকা ছিল। অর্থ উপার্জন করার জন্য তিনি পাগল হয়ে উঠেছিলেন। তিনি নিজের ব্যবসা শুরু করেন আর আজ তিনি সাত কোটি টাকার অপার সম্পত্তির অধিকারী।

পুরুষদের দ্বারা ডমিনেটেড একটা ক্ষেত্রেও এক মহিলা কাজ করে দেখিয়েছেন। এটা অসম্ভব বলে মনে হলেও অমিতা মেহরা এমনটা করে দেখিয়েছেন। তাঁর ভেতরে কিছু করে দেখাবার পাগলামী ছিল আর তিনি এমনটা করে দেখান... তাঁর উদ্দেশ্য সফল হয়।

ভালো জাতের ঘোড়াকে রেসের জন্য প্রস্তুত করা কোন সহজ কাজ নয়... কিন্তু অমিতা মেহরার পাগলামী এমনটা করে দেখিয়েছে। শৈশব থেকেই অমিতার ঘোড়ার প্রতি এক বিশেষ টান ছিল। তিনি শৈশব থেকেই ঘোড়াদের তৈরী করার কথা ভাবতেন। অন্যরা এটাকে পুরুষদের কাজ হিসেবে মানে আর এমনটা মনে করে যে, এই কাজ মহিলাদের দ্বারা করা সম্ভব নয়। কিন্তু অমিতার ভেতরে একটা পাগলামী ছিল। তিনি হর্স ট্রেণিং নিতে চেয়েছিলেন।

1990 সালে উনি আয়ারল্যাণ্ড স্হিত হরিশ ন্যাশানাল স্টাড সেন্টার থেকে *'অশ্ব বিষয়ক'*-তে ডিপ্লোমা প্রাপ্ত করেন। উনি প্রথম মহিলা, যিনি এই ডিপ্লোমা পেয়েছিলেন। ভারতে এসে উনি ঘোড়াদের রেসের জন্য ট্রেণিং দিতে শুরু করেন এবং ইণ্ডিয়ান ডার্বীর খেতাবও পান। আজ উনি দেশের অন্যতম ব্যস্ত হর্স ট্রেণার। অমিতার হর্স ট্রেণার হওয়ার ইচ্ছাই ওনাকে অপার ধন-সম্পত্তির মালিক করে তুলেছে। গ্রউষা স্টাড ফার্মের ঘোড়াগুলো প্রচুর রেকর্ড তৈরী করেছে। গত 25 বছর ধরে এই ফার্মের 150-টি ঘোড়া জয়লাভ করেছে... যার মধ্যে 8 ইণ্ডিয়ান ডার্বী চ্যাম্পিয়ন আর 6 ইণ্ডিয়ান টার্ফ ইন্‌ভিটেশন কাপ জয় করেছে।

আপনি যা পেতে চান, সেটা আপনাকে আপনার পাগলামীই দিতে পারে। যদি আপনার ভেতর অর্থ পাওয়ার চাহিদা না থাকে, তবে আপনি কিছুই পাবেন না। আপনার ভেতর অর্থ পাওয়ার পাগলামী থাকলে ধনাঢ্যতা নিজের থেকে আপনার হাতে ধরা দেবে। নিজের ভেতরে কুবেরের ধন পাওয়ার প্রবল ইচ্ছা জাগ্রত করুন। এই প্রবল ইচ্ছাই আপনাকে ধনী করে তুলবে। হেন্‌রী ফোর্ডের মতে – যদি আপনার মধ্যে পাগলামী থাকে... তবে আপনি যে কোন কাজ করতে পারেন। পাগলামী যে কোন উন্নতির উৎস হয়।

পাওয়ার টিপস্ – নিজের ভেতর সর্বদা অর্থ উপার্জনের জন্য পাগলামী বজায় রাখুন। এটাই আপনাকে ধনাঢ্যতার শিখরে পৌঁছে দেবে !

25

নির্ণয় নেওয়ার ক্ষমতা

ধনী হওয়ার জন্য সঠিক নির্ণয় নেওয়ার ক্ষমতা থাকাটাও খুবই জরুরী। কোন কাজ করার সময় আপনার সেই সম্পর্কিত সিদ্ধান্তের নির্ণয় নিতে জানতে হবে। যদি সময় মত সঠিক নির্ণয় নিতে না পারেন, তবে আপনাকে পরে অনুতাপ করতে হবে। দ্বিধাগ্রস্ত হয়ে কোন সিদ্ধান্ত নিলে অনেক সময় তা ভুলও হতে পারে।

নিষ্ঠার অর্থ হল 19 বার অসফল হওয়ার পর 20 বারের বার সফল হওয়া।

– জে. এ্যাণ্ড্রুজ

সফলতা সেই পায়... যে সফলতা সম্পর্কে ওয়াকিবহাল হয়।

– নেপোলিয়ন হিল্‌স

করব কি করব না... যাব কি যাব না – এমন পরিস্থিতি এগিয়ে যাওয়ার পথে বাধার সৃষ্টি করে। নির্ণয় নেওয়ার ক্ষমতা না থাকার জন্য আপনি দ্রুত গতিতে এগোতে পারেন না। যার ফলে আপনার সময় নষ্ট হয়। বর্তমান পৃথিবী গতিশীল... জীবনের প্রতিটা ক্ষেত্র দ্রুত গতিতে এগিয়ে চলেছে। জীবনের গতির সাথে তাল মিলিয়ে চলতে হলে আমাদের আরও দ্রুত গতিতে চলতে হবে। এই গতিশীল জগতে যদি আপনি এক

মুহূর্তের জন্যও স্থির হয়ে যান... তবে যে আপনার পেছনে আসছিল, সে আপনাকে ধাক্কা দিয়ে ফেলে দেবে এবং পা দিয়ে মাড়িয়ে এগিয়ে যাবে।

যদি এগিয়ে যেতে চান... ধনাঢ্যের শিখরে পৌঁছতে চান... সফলতা পেতে চান... কুবেরের সম্পত্তি পেতে হলে সমস্ত দ্বিধা দূর করে শীঘ্র নির্ণয় নিতে হবে। যে ব্যক্তি শীঘ্র আর সঠিক সিদ্ধান্ত নিতে পারেন, তিনি সর্বদাই সফল হতে পারেন। অঞ্জুম দুটো জায়গা থেকে চাকরীর জন্য এ্যাপয়ন্টমেন্ট লেটার পায়। কোথায় জয়েন করা উচিত, সে ঠিক করতে পারছিল না। কারণ দুটি কোম্পানীই তাকে সমান বেতন দিচ্ছিল। কোম্পানীর প্রদত্ত সুযোগ-সুবিধাও একই ছিল। এমন অবস্থায় সে কোন্ চাকরী করবে, তা নিয়ে চিন্তিত হয়ে পড়ে। সে চিন্তাই করতে থাকে আর সেই চক্করে একটা-একটা করে দিন কেটে যায়। শেষ পর্যন্ত সে প্রথম কোম্পানীতে পৌঁছে যায়। সেখানে গিয়ে সে জানতে পারে যে, সে সময় মত জয়েন করেনি বলে তার স্থানে অন্য লোক নিয়ে নেওয়া হয়েছে। সে শীঘ্র দ্বিতীয় কোম্পানীতে ছুটে যায়। কিন্তু সেখানেও তার পরিবর্তে অন্য লোক নিয়ে নেওয়া হয়েছিল। কোথায় জয়েন করা উচিত, সেটা সে সময়ের মধ্যে ঠিক করতে পারেনি... এই কারণে অঞ্জুমের হাত থেকে দুটি চাকরীই চলে যায়।

যখন দুটি কোম্পানী একই রকম সুবিধা আর একই রকম বেতন দিচ্ছিল... তখন কোন্ কোম্পানীর স্তর উঁচু আর কোথায় উন্নতি করার সুযোগ বেশী... অঞ্জুমের সেটাই দেখা উচিত ছিল এবং তার সেখানেই জয়েন করা উচিত

ছিল। যারা পরিস্হিতি বুঝে সিদ্ধান্ত নিতে পারে না... অপরের পরামর্শ মত চলে বা অপরের পরামর্শের জন্য অপেক্ষা করে... তারা কখনোই সফল হতে পারে না।

জর্জ বার্নাড শ'-য়ের মতে – এই পৃথিবীতে যারা এগিয়ে যায়, তারা সঠিক সিদ্ধান্ত নিতে জানে। জীবনে উন্নতি করার জন্য সঠিক সিদ্ধান্ত নেওয়ার ক্ষমতা থাকাটা খুবই জরুরী হয়। অন্য দিকে যারা দ্বিধাগ্রস্ত হয়ে পড়ে, তাদেরকে চরম মূল্য দিতে হয়। ধনী হওয়ার জন্য সঠিক সময়ে সঠিক সিদ্ধান্ত নেওয়াটা খুবই জরুরী হয়। সময় মত সঠিক সিদ্ধান্ত গ্রহণকারীই উন্নতির শিখরে পৌঁছাতে পারে। সময় মত সঠিক সিদ্ধান্ত নিতে না পারলে পেছিয়ে পড়তে হয়। সে অঞ্জুমের মতন না এদিকের থাকে, না ওদিকের। দ্বিধাগ্রস্ত ব্যক্তি কখনোই ধনী হতে পারে না। আপনিও যদি ধনী হতে চান... তবে নিজের ভেতরে সঠিক সিদ্ধান্ত নেওয়ার ক্ষমতা বিকশিত করুন।

পাওয়ার টিপস্ – যারা সময় মতন সঠিক সিদ্ধান্ত গ্রহণ করতে পারে, ধনাঢ্যতা তাদের মুঠোয় থাকে।

●

26

সৃজনাত্মক চিন্তাধারা

ধনী হওয়ার জন্য সৃজনাত্মক চিন্তাধারা থাকা খুবই জরুরী। আপনার ভেতরে সৃজনাত্মক চিন্তাধারা না থাকলে আপনি কখনোই ধনী হতে পারবেন না। যদি আপনার ভেতরে সৃজনাত্মক চিন্তাধারা থাকে, তবেই আপনি ধনী হতে পারবেন। ধনী হওয়ার জন্য ক্রমাগত কোন-না-কোন সৃজনশীল কাজ করতে হবে!

অন্যরা তোমার সম্পর্কে কি ভাবে, তার থেকে বেশী গুরুত্বপূর্ণ বিষয় হল, তুমি নিজের সম্পর্কে কি ভাবো।

– *সেনেকা*

বুদ্ধিমান ব্যক্তি একটা শব্দ শোনে আর দুটো শব্দ বোঝে।

– ইহুহী প্রবাদ

খোঁজার রহস্য হল সেটা দেখা, যা সকলেই দেখেছে আর সেটা চিন্তা করা, যা কেউ চিন্তা করেনি।

– *এ্যালবার্ট ভন জেন্ট গ্যোর্গী*

সৃজনশীল চিন্তাকারী ব্যক্তিদের সব চেয়ে বড় গুণ হল, তারা কখনোই খারাপ অর্থাৎ নেতিবাচক চিন্তা করে না। তারা সর্বদাই ভালো কিছু করার কথা ভাবে। সৃজনশীল ব্যক্তি সর্বদাই আনন্দে থাকে। উদাসীনতা তাদের কাছে ঘেঁষতে পারে না। সৃজনশীল ব্যক্তি খুশীতে থাকে... কারণ তাদের কাছে দুঃখ কখনই ঘেঁষতে পারে না। তারা কখনেরই বোর হয় না... কারণ তাদের কাছে বোর হওয়ার জন্য খালি সময় থাকে না। তারা

সর্বদাই কিছু-না-কিছু করার কথা ভাবে।

একবার তিনজন যুবক এক গুরুর কাছে দীক্ষা নিতে যায়। গুরু দীক্ষা দেওয়ার আগে তাদের পরীক্ষা নেবে বলে ভাবেন। তিনি তিনজনকেই এক মুঠো করে ছোলা দিয়ে বলেন – *"তোমরা তিনজনই 6 মাস পরে এসো... তখনই আমি তোমাদের দীক্ষা দেব।"* এই কথা শুনে তিনজনই আশ্রম ত্যাগ করে চলে যায় আর 6 মাস পরে তারা আবার একবার গুরুর কাছে দীক্ষা নিতে আসে। তখন গুরু সেই তিনজনের কাছ থেকে এক মুঠো করে ছোলা ফেরত চান।

প্রথমজন বলে – *"সেই ছোলা আমার কোন কাজের ছিল না। তাই আমি ঘরে এমনিই ফেলে রেখেছিলাম, ইঁদুরে খেয়ে চলে গেছে।"*

দ্বিতীয়জন বলে – *"আমি সেই ছোলা একটা ঘড়ার মধ্যে রেখে দিয়েছিলাম। কিছুদিন বাদে ঘড়া খুলে দেখি যে, সব ছোলা খারাপ হয়ে গেছে।"*

তৃতীয়জন একটা থলে দেখিয়ে বলে – *"আপনি 6 মাস বাদে ছোলা নিয়ে আসতে বলেছিলেন, তাই আমি এগুলি ক্ষেতে ফেলে দিয়েছিলাম। সময় মতন ফসল পাকার পর সেগুলো আমি কেটে নিয়ে এসেছি। আপনি যে এক মুঠো ছোলা দিয়েছিলেন, তা এক থলে ছোলায় পরিণত হয়েছে।"*

এই কথা শুনে গুরু খুবই খুশী হন... কারণ সেই তৃতীয় যুবকের মাথায় সৃজনশীল চিন্তা ছিল। সে এক মুঠো ছোলাকে এক থলে ছোলায় পরিণত করেছিল।

পৃথিবীর সব চেয়ে ধনী ব্যক্তি বিল গেটস্ তাঁর সৃজনশীল চিন্তা দ্বারা কোটি-কোটি টাকা উপার্জন করে পৃথিবীর সব চেয়ে ধনী ব্যক্তি হয়েছিলেন। যখন সমস্ত কোম্পানী হার্ডওয়্যারের

সাহায্যেই সব কাজ করছিল, তখন মাইক্রোসোফ্টের সংস্থাপক বিল গেটসের মাথায় সোফ্টওয়্যারের ক্রিয়েটিভ আইডিয়া আসে।

তিনি এই ব্যাপারে বেশ কিছু কম্প্যুটার কোম্পানীর সাথে কথা বলেছিলেন... কিন্তু বেশীর ভাগ কোম্পানীই বিল্ গেটসের কথা বিশ্বাসই করেনি। কোম্পানীগুলো এতে কোন লাভ দেখতে পায়নি। বিল গেটস্ কিন্তু সোফ্টওয়্যারের লাভের ব্যাপারে অনেক আগেই বুঝতে পেরেছিলেন। তিনি এই বিষয়টি যথেস্ট গম্ভীরতার সাথে গ্রহণ করেছিলেন। এই সুযোগ তিনি হাতছাড়া করতে চাননি। এর জন্য তিনি নিজের পড়াশোনা মাঝপথেই বন্ধ করে দিয়েছিলেন। শেষ পর্যন্ত তিনি সারা পৃথিবীকে নিজের ক্রিয়েটিভিটি দেখিয়ে দিয়েছিলেন।

বিল গেটস-ই কম্প্যুটারের সোফ্টওয়্যারের জগতে বিপ্লব সৃষ্টি করেছিলেন। এম. এস. ডস্, মাইক্রোসোফ্ট ওয়ার্ড, মাইক্রোসোফ্ট এক্সেল এবং সিডি রোমের মতন হার্ডওয়্যারগুলি তারই ফল। যে রকম পৃথিবীর উন্নতির পেছনে কম্প্যুটারের সব চেয়ে বড় ভূমিকা রয়েছে... তেমনই কম্প্যুটারের উন্নতির পেছনে সব চেয়ে বড় হাত হল সৃজনাত্মক চিন্তাকারী বিল গেটসের। সৃজনশীল চিন্তা দ্বারাই ধনাঢ্যতার চৌকাঠ পর্যন্ত পৌঁছনো সম্ভব।

পাওয়ার টিপস্ – একজন সৃজনশীল মানুষই এক টাকাকে একশো টাকায়... একশো টাকাকে হাজার টাকায়... হাজার টাকাকে লক্ষ টাকায় আর লক্ষ টাকাকে কোটি টাকায় পরিণত করতে পারে।

27

রণনীতি তৈরী করুন

প্রতিটি সফলতার পেছনে একটা বিশেষ রণনীতি থাকে। যদি ধনী হতে চান, তবে আপনার কাছেও একটা বিশেষ রণনীতি থাকতে হবে। কোন বিশেষ রণনীতি ছাড়া আপনি ধনী হতে পারবেন না। একটা বিশেষ রণনীতির সৃষ্টি করে ধনী হয়ে যান।

একটা মেশিনে পঞ্চাশ জন সাধারণ মানুষ কাজ করতে পারে... কিন্তু কোন মেশিন একজন অসাধারণ মানুষের কাজ করতে পারে না।

– ***এ্যালবার্ট হাবার্ড***

সেই ব্যক্তিরাই সমালোচনা করে, যারা নিজেদের ক্ষেত্রে ব্যর্থ হয়।

– ***ডিজরাইলী***

ওয়ার্ল্ড টেল-য়ের চেয়ারম্যান এবং সি.ই.ও স্যাম পিত্রোদার মতে – বিশেষ রণনীতির দ্বারা সফলতা পাওয়া সম্ভব। পিত্রোদা বলেন – কোথাও যাওয়ার সময় যেমন যাত্রার কারণ, গন্তব্য এবং রাস্তা আগে থেকেই ঠিক করে নেওয়া হয় আর রাস্তায় কি-কি প্রয়োজনীয় জিনিষ ব্যবহার করা হবে, সেটাও ঠিক করা হয়... তেমনিই জীবনে ধনী হওয়ার লক্ষ্য প্রাপ্ত করার জন্য উচ্চাকাংখা, উদ্দেশ্য এবং রণনীতি ঠিক করে নিতে হবে। আপনার রণনীতি যত বিশেষ হবে, আপনি তত শীঘ্র লক্ষ্যে উপনীত হতে পারবেন।

ইনফোসিসের মতন কোম্পানীর সংস্থাপক নারায়ণমূর্তি কোম্পানী বানানোর আগে পাটনী কম্প্যুটার্সে কাজ করতেন। তিনি চাকরী ছাড়ার পর একটা কোম্পানী গড়ে তোলার জন্য রণনীতি গড়েন। এই রণনীতি অনুসারে কাজ করে নিজের কোম্পানীকে একটা বিশেষ কোম্পানী হিসেবে গড়ে তুলেছিলেন। যদি কিছু পেতে চান, তবে একটা বিশেষ রণনীতির প্রয়োজন। সম্পূর্ণ বাজারই রণনীতির ওপর ভিত্তি করে আছে। যতক্ষন না আপনি একটা ভালো রণনীতি গড়ে তুলছেন, ততক্ষন পর্যন্ত আপনি তার ওপর কব্জা করতে পারবেন না। ম্যাকডোনাল্ড একটা আলাদা রণনীতি বানিয়েছিলেন এবং তা সম্পূর্ণ পৃথিবীতে ছড়িয়ে পড়ে। পার্লে, ব্রিটানিয়া, বিমল বা রেমণ্ড... যাই হোক্ না কেন, প্রত্যেকেরই পৃথক-পৃথক রণনীতি আছে... যার ফলে তারা মার্কেটে টিঁকে আছে।

বিশেষ রণনীতির জোরেই নেপোলিয়ন জয়লাভ করেছিলেন। বহুদিন আগের কথা... এক দিন রাতের বেলায় নেপোলিয়ন গভীর ঘুমে আচছন্ন হয়ে ছিলেন। হঠাৎ আপাতকালীন ঘন্টা বাজতে শুরু করে। নেপোলিয়ন জেগে ওঠেন। তখনই এক সেনাপতি ওনার ঘরে এসে ঢোকে আর সে নেপোলিয়নকে বলে – *"এক প্রতিবেশী রাজ্যের রাজা আমাদের ওপর হামলা করে দিয়েছে। এখন আমরা কি করব ? আমরা তো কোন রণনীতি তৈরী করিনি।"*

নেপোলিয়ন সেনাপতিকে শান্ত হতে বলেন। উনি টেবিলে রাখা মানচিত্র মন দিয়ে দেখতে থাকেন আর কিছু জায়গার ওপরে চিহ্ন লাগিয়ে সেনাপতিকে বলেন – *"এই সমস্ত স্থান আটকে দাও আর পাল্টা হামলা চালাও... আমরা অবশ্যই জিতব।"* সেনাপতি অবাক হয়ে নেপোলিয়নকে

দেখতে থাকে।

নেপোলিয়ন হেসে বলেন – *"বিপদ আসার আগেই রণনীতি বানিয়ে রাখা উচিত।"* যুদ্ধে নেপোলিয়নই জয়লাভ করেন... কারণ তিনি আগে থেকেই বিশেষ রণনীতি বানিয়ে রেখেছিলেন। প্রয়োজনের সময় তিনি তার ব্যবহার করেন। নেপোলিয়ন সর্বদাই সতর্ক ভাবে এবং বুঝে-সুঝে রণনীতি বানাতেন... যার ফলে তিনি সর্বদাই জয়লাভ করতেন।

আগের থেকে বিশেষ রণনীতি বানিয়ে রাখলে তা ব্যক্তিকে সফলতার শিখরে নিয়ে যায়। রণনীতি ছাড়া সফলতা পাওয়া মুশ্কিল। যে সমস্ত লোকেরা ধনী হয়েছেন, তাঁরা বিশেষ রণনীতি বানিয়েই অর্থ উপার্জন করেছেন। বিশেষ রণনীতি ছাড়া ধনী হওয়া সম্ভব নয়। আপনিও যদি ধনী হতে চান, তবে তার জন্য একটা বিশেষ রণনীতি বানিয়ে তাকে প্রাধান্য দিন। তারপর দেখবেন যে, আপনি অতি শীঘ্র ধনীদের তালিকায় স্হান করে নিয়েছেন। *'স্টীল কিং'* নামে পরিচিত পৃথিবীর সব থেকে ধনী ব্যক্তিদের মধ্যে অন্যতম লক্ষ্মী মিত্তল লোকসানে চলা নিজের স্টীল প্ল্যান্টকে সুনিয়োজিত রণনীতির দ্বারাই লাভজনক করে তুলেছিলেন।

পাওয়ার টিপস্ – দাবার বোর্ডে যদি আপনার রণনীতি সঠিক হয়, তবে আপনি প্রথমেই বাদশাহকে মাত করে দিতে পারেন।

28

নকল করবেন না

ধনী হতে হলে অনুকরণ অন্যের করার পরিবর্তে নিজের মস্তিষ্ক খাটান। অনুকরণ করে ধনী হওয়া যায় না। তার জন্য মস্তিষ্ক খাটাতে হয়। অনুকরণ করে আপনি কখনোই সফলতা পাবেন না। সফলতা পাওয়ার জন্য মস্তিষ্ক ব্যবহার করতে হবে। ধনী হতে হলে নকল না করে নিজের মাথা খাটান আর ধনী হয়ে উঠুন!

হীরা কয়লার টুকরো ছাড়া কিছুই নয়... যা অত্যধিক চাপের ফলে মূল্যবান হয়ে যায়।

– **অজ্ঞাত**

বেশীর ভাগ লোক তাদের আশপাশের প্রচলিত কাজকেই নকল করতে চায়... কিন্তু তারা সফল হতে পারে না। আজ পর্যন্ত কেউই নকল করে সফল হয়নি। লক্ষ্মী মিত্তল হোন্ বা আজীম প্রেম জী... অমিতাভ বচ্চন হোন্ বা শাহরুখ খান... সানিয়া মির্জা হোন্ বা মহেন্দ্র সিং ধোনী... আব্রাহাম লিংকন হোন্ বা আব্দুল কালাম আজাদ প্রমুখ মহান ব্যক্তিগণ সফলতা পাওয়ার জন্য কখনোই কারো নকল করেননি বা অন্যদের দেখাদেখি কোন কাজও করেননি। তাঁরা যা করেছেন, সবই নিজেদের বুদ্ধি এবং মস্তিস্কের সাহায্যে করেছেন... যার ফলে আজ তাঁরা সফলতার উচ্চ শিখরে।

দিল্লীর এক স্কুলের মাস্টারমশাই ছাত্রদের জিজ্ঞাসা করেন –

"তোমরা বড় হয়ে কি হতে চাও?" প্রত্যেকেই নিজেদের মনের পছন্দের ব্যক্তিদের নাম করে বলে যে, তারা ওনার মতন হতে চায়। তার মধ্যে শুধুমাত্র একজন বলে – *"স্যার, আমি শাহরুখ খান হতে চাই।"*

এই ছাত্রের কথা শুনে পুরো ক্লাস হাসতে থাকে। মাস্টারমশাইও ছেলেটার কথা শুনে অবাক হন। তিনি বলেন – *"তুমি নিজেই তো শাহরুখ খান। তাহলে আর হওয়ার দরকার কি?"*

"স্যার! আমি নিজের পরিচয় বানাতে চাই। আমি অন্যদের মতন হতে চাই না। আমি শুধু নিজের মতনই হতে চাই... অন্য কারো মতন হতে চাই না। আমি শাহরুখ খান আর শাহরুখ খানই হতে চাই। এছাড়া আমি আর অন্য কিছু হতে চাই না।"

এই ছাত্রের কথায় জোর ছিল। শেষ পর্যন্ত সে শাহরুখ খান হয়েই দেখিয়েছে। আজ এই শাহরুখ খান-ই বলিউডের বাদশাহ হয়ে বসে আছেন। তিনি কারো নকল করেন নি। কারো নকল না করে তিনি নিজের একটা আলাদা পরিচয় গড়ে তুলেছেন। শাহরুখ খান আকাশ ছোঁওয়ার জন্য পরিশ্রম করেছিলেন... তিনি অন্যের অনুকরণ করার পরিবর্তে নিজের মস্তিষ্ককে কাজে লাগিয়েছিলেন। যার জন্য তিনি নিজের এক আলাদা পরিচয় গড়ে তুলেছেন। একটা কথা সর্বদা মনে রাখবেন, কারো নকল করে কখনোই ধনী হওয়া যায় না। যদি ধনী হতে চান, তবে অন্যের নকল না করে নিজের মস্তিষ্ককে কাজে লাগান।

অনুকরণকারীরা কেন ফেল করে যায়? কারণ ঃ–

- অনুকরণকারীরা সর্বদা ভুল করে।
- অনুকরণকারীদের সময় নকল করতেই কেটে যায়... তারা আর এগোতে পারে না।

- অনুকরণকারীদের মস্তিষ্ক সক্রিয় হয় না। তারা অপরের ভরসাতে থাকে।
- অনুকরণকারীদরে জ্ঞান হয় অসম্পূর্ণ।
- অনুকরণকারীরা একটা কাজ নিয়ে কনসেন্ট্রেট করে থাকতে পারে না।
- অনুকরণকারীদের কনফিডেন্সও কম হয়।
- তারা সর্বদা চাপের মধ্যে থাকে। তারা মেন্টালী স্যাটিসফায়েড হতে পারে না।

কেন বুদ্ধিমানরা জয়লাভ করে ঃ

- তাদের মধ্যে উৎসাহ থাকে।
- তাদের কাছে নতুন-নতুন আইডিয়া থাকে।
- তারা ভালো-ভালো কম্প্লিমেন্ট পায়।
- তাদের লাছে সঠিক আর সম্পূর্ণ জ্ঞান থাকে।
- তারা মেন্টালী স্যাটিসফায়েড হয়।

●

29

ভিত্তি মজবুত বানান

ধনী হওয়ার জন্য যে কোন কাজের ভিত মজবুত হওয়া প্রয়োজন। নড়বড়ে ভিতের ওপর কোন অট্টালিকা দাঁড়াতে পারে না। আপনি যদি খুশীর উঁচু অট্টালিকা দাঁড় করাতে চান, তবে শক্তপোক্ত আর মজবুত ভিতের প্রয়োজন। শুধুমাত্র ভৌতিক জীবনের ক্ষেত্রেই এই নিয়ম প্রযোজ্য নয়... বরং ধনী হওয়ার ক্ষেত্রেও এই নিয়ম প্রযোজ্য হয়!

পরিশ্রমী আর সাহসী থাকলে মানুষ অনেক কিছু করতে পারে।

– *মেরী ক্যুরী*

ধনী হওয়ার জন্য আপনার কাছে একটা দৃঢ় আর শক্ত ভিত থাকা খুবই প্রয়োজন। নিজের কাজ দিয়ে আপনাকে একটা শক্ত আর দৃঢ় ভিত তৈরী করে নিতে হবে। আপনার ভিত যত দৃঢ় এবং মজবুত হবে, আপনি ততই ওপরে উঠতে পারবেন।

নড়বড়ে আর দুর্বল ভিতরে ওপর কখনোই কোন উঁচু অট্টালিকা দাঁড়িয়ে থাকতে পারে না। ভিত দুর্বল হলে তা ঝড় বা তুফানের সাথে উড়ে চলে যায়। খুব জোরে বৃষ্টি হলে তা বৃষ্টির জলের সাথে প্লাবিত হয়ে যায়। সামান্য ভূমিকম্প হলে তা তাসের ঘরের মত ভেঙে পড়ে। ঠিক সেই ভাবেই যদি আপনার ধনী হওয়ার ভিতটাও দুর্বল হয়, তবে আপনি কখনোই ধনী হতে পারবেন না। ভিত দৃঢ় না হলে সমস্যা এবং অসুবিধার ঝড়-তুফান আপনাকে ব্যর্থ করে তুলতে পারে। আপনার আশার অট্টালিকাকে কখনোই ভেঙে পড়তে দেবেন না। তার জন্য

আপনাকে দৃঢ় আর শক্তপোক্ত ভিত তৈরী করতে হবে। ভিত যত মজবুত হবে, আপনি তার ওপর তত বেশী শক্তপোক্ত অট্টালিকা তৈরী করতে পারবেন।

উদয় কোন চিন্তা-ভাবনা না করেই নিজের কাজ শুরু করে দেয়। সে ভেবেছিল, যেমনই কাজ আসুক না কেন... সে তা করতে থাকবে এবং সমস্যা দেখা দিলে সে ঠিক তা সামলে নিতে পারবে। উদয় যেমন ভেবেছিল, তেমনটা হয়নি। সর্বপ্রথমে বহু দিন সে কোন কাজই পায়নি। কাজ পাওয়ার পর তার সামনে একের-পর-এক নতুন সমস্যা এসে উপস্থিত হতে শুরু করে। প্রতি দিন নিত্য-নতুন সমস্যার মুখোমুখি করতে-করতে সে জর্জরিত হয়ে পড়ে। মজবুত ভিত ছাড়াই উদয় যে বড়লোক হওয়ার স্বপ্ন দেখেছিল... তার জন্য তাকে যথেষ্ট মূল্য দিতে হয়েছিল। একের-পর-এক সমস্যা এসে উদয়ের বড়লোক হওয়ার স্বপ্নকে ভেঙে দিয়েছিল।

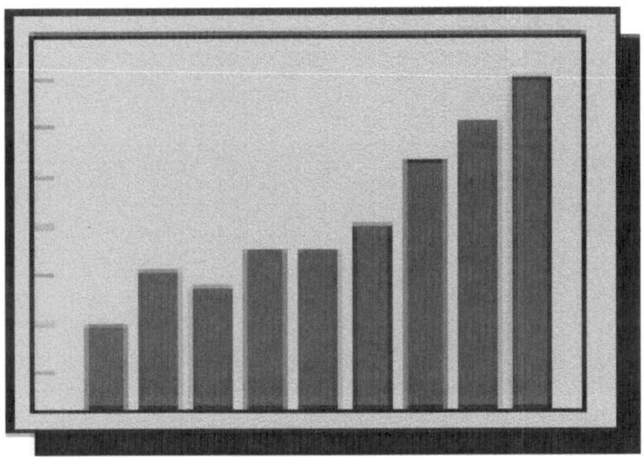

আর্থিক আর পড়াশোনার দিক থেকে দুর্বল ধীরুভাই অম্বানী যখন তাঁর প্রথম কোম্পানী স্থাপন করেছিলেন, তখন তার জন্য তিনি দৃঢ় আর মজবুত ভিত গড়ে তুলেছিলেন... যার ফলে ওনার সেই কোম্পানী খুবই ভালো চলেছিল। যদি তাঁর ভিত মজবুত না হত, তাহলে আজ অম্বানীরা বংশ পরম্পরায় তাঁদের ব্যবসা চালিয়ে যেতে পারতেন না। আজ তাঁদের প্রথম কোম্পানীর সাথে-সাথে আরও পাঁচশো কোম্পানী চলছে। আজ তাঁদের কোম্পানী পৃথিবীর কয়েকটা নামকরা কোম্পানীর মধ্যে অন্যতম। সঠিক আর গভীর ভিতের কারণেই এমনটা সম্ভব হতে পেরেছে ! সেই কোম্পানীগুলো আজ শুধু ভারতের কোম্পানী হিসেবেই খ্যাত নয়... বিশ্বের বাজারেও সেগুলির একটা আলাদা পরিচয় রয়েছে !

যদি আপনি নিজের ধনী হওয়ার ইচ্ছাকে সাকার করতে চান, তবে কোন কাজ করার আগে তার ভিতের দিকে দৃষ্টি দিন। নিজের ইচ্ছার অট্টালিকা গড়ার আগে সেটার ভিতের দিকে দৃষ্টি দিন। যে কোন কাজ শুরু করার আগে সেই কাজ সম্পর্কিত সমস্ত জ্ঞান অর্জন করে নিন। তাতে কত টাকা খরচ হতে পারে, সেটার সঠিক হিসাব করে নিন। কাজ শুরু করার আগে তার সাথে সম্পর্কিত আর্থিক, সামাজিক, রাজনৈতিক এবং অন্যান্য সমস্যাগুলি সমাধান করার জন্য প্রস্তুত হয়ে পড়ুন। আপনি যতটা দৃঢ়তার সাথে প্রস্তুতি নেবেন... ততটাই উঁচুতে পৌঁছতে পারবেন।

ভিত মজবুত হলেই তার ওপরে বড় অট্টালিকা গড়া সম্ভব। এটা বলার অর্থ হল – যদি ধনী হতে চান, তবে কোন কাজ শুরু করার আগে সেই কাজ সম্পর্কিত গোড়ার কথাগুলো জেনে নিন। তারপরই সেই কাজ শুরু করুন। ধনী হওয়ার জন্য দৃঢ় মজবুত ভিত দিয়েই যে কোন কাজ শুরু করা উচিত!

পাওয়ার টিপস্ – নিজেকে আয়নার সামনে নয়... বরং মনের আয়নাতে দেখুন।

30

নিজেকে দুর্বল ভাববেন না

যারা নিজেদের দুর্বল ভাবে... তারা কখনোই লম্বা রেসের ঘোড়া হতে পারে না। যদি ধনী হতে চান, তবে নিজেকে কখনো দুর্বল মনে করবেন না। যারা নিজেদের দুর্বল ভাবে, তারা কখনোই ধনী হতে পারে না। নিজেকে দুর্বল মনে করলে সর্বদা গরীবই থেকে যাবেন!

সময় সব চেয়ে শক্তিশালী হয়! যারা সময়ের মূল্য বোঝে, তারাই জীবনে প্রতিটা জিনিষ পেতে পারে।

– **অজ্ঞাত**

সফলতা সবার প্রথমে আপনার মনে আসে... তারপরই তা আপনার জীবনে আসে।

– **স্বেট মার্ডেন**

ধনীদের বহু বন্ধু থাকে... কিন্তু গরীবদের দিকে প্রতিবেশীরাও তাকিয়ে দেখে না।

– **বাইবেল**

যদি আপনি নিজেকে দুর্বল বলে মনে করেন, তবে ধনী হওয়ার স্বপ্ন দেখবেন না। নিজেকে দুর্বল মনে করাটা গরীব হয়ে থাকার লক্ষণ হয়। প্রায়ই লোকেদের মুখে এমনটা শোনা যায় – *"আমি ধনী হতে পারব*

না... কারণ আমি দুর্বল অর্থাৎ গরীব।" আপনি যেমন চিন্তা করবেন, তেমনটাই হবে। নেপোলিয়ন হিল্‌স বলেন – আমার কথা বিশ্বাস করুন... আপনিও ধনী হতে পারবেন। তার জন্য নিজেকে দৃঢ় বলে মনে করতে হবে। নিজেকে দুর্বল বলে মনে করলে কখনোই ধনী হওয়া যায় না। অর্থ পাওয়ার জন্য আর সেটাকে সামলে রাখার জন্য মজবুত হওয়া খুবই জরুরী। যারা নিজেদের দুর্বল বলে মনে করে, তারা ধন প্রাপ্ত করতে পারে না। যদি কোন রকম ভাবে তাদের হাতে টাকা এসেও যায়, তাহলেও তারা সেটাকে সামলে রাখতে পারে না।

ধীরুভাই অম্বানী কখনোই নিজেকে দুর্বল বলে মনে করতেন না। যদি তিনি নিজেকে দুর্বল ভেবে ধনী হওয়ার চেষ্টা না করতেন, তবে কোন দিনই তিনি ধনী হতে পারতেন না। হলিউডের প্রসিদ্ধ হিরোয়িন হ্যালে

সিনেমায় কাজ করার আগে একটা ডিপার্টমেন্টাল সেন্টারে সাধারণ কাজ করতেন। তিনি নিজেকে কখনোই দুর্বল মনে করতেন না। তিনি কখনোই এমনটা ভাবেননি যে, তিনি একটা সাধারণ কাজ করেন। উনি কখনোই এমনটা ভাবেননি যে, তিনি হলিউডের হিরোয়িন হতে পারবেন না। সর্বদা দৃঢ়তা বজায় রাখতে পেরেছিলেন বলেই তিনি তাঁর স্বপ্নকে সাকার করতে পেরেছিলেন। যারা নিজেদের দুর্বল ভাবে, তারা সর্বদা ব্যর্থই থাকে।

কিং কং-য়ের নাম কে না জানে? বলা হয় যে, তিনি ছোটবেলায় খুবই দুর্বল ছিলেন। ছোটবেলায় একদিন তিনি বাবার সাথে কুস্তি দেখতে যান... সেখানকার পালোয়ানদের দেখে তাঁরও পালোয়ান হওয়ার ইচ্ছা হয়। কিন্তু নিজের শরীর তিনি মনমরা হয়ে ওঠেন। কিং কং-কে মনমরা হয়ে উঠতে দেখে তাঁর বাবা তাঁকে জিজ্ঞাসা করেন – *"কি হয়েছে?"* কিং

কং বলেন – *"আমিও পালোয়ান হতে চাই।"* এই কথা শুনে তাঁর বাবা তাঁকে এক পালোয়ানের কাছে নিয়ে যান এবং তাঁকে কিং কং-য়ের মনের ইচ্ছার কথা বলেন।

পালোয়ান কিং কং-কে দেখে বলে – *"তুমি পালোয়ান হতে চাও ?"*

কিং কং পূর্ণ আত্মবিশ্বাসের সাথে উত্তর দেন – *"হ্যাঁ... আমিও এক নামী পালোয়ান হতে চাই ?"*

কিং কং-য়ের কথা শুনে পালোয়ান খুবই খুশী হয়। সেদিন থেকেই কিং কং পালোয়ান হওয়ার জন্য চেষ্টা শুরু করে দেন আর একদিন তিনি এক বিখ্যাত পালোয়ান হয়েই দেখান।

কিং কং শারীরিক রূপে দুর্বল হলেও তিনি কখনোই নিজেকে দুর্বল বলে মনে করেননি, তাই এক দিন তিনি শক্তিশালী পালোয়ান হতে পেরেছিলেন।

যদি ধনী হতে চান, তবে আপনার মনের কোন অংশে যদি দুর্বলতা থেকে থাকে, তবে সেটা দূর করে দিন। মনে *'দুর্বল'* কথাটা আসতেই দেবেন না। একটা কথা মনে রাখবেন, দৃঢ়চেতা মানুষেরাই ধনী হতে পারে। সজীবতাই জীবন... নির্জীবতার অপর নাম মৃত্যু ! ঠিক সেরকমই দৃঢ়চেতারাই ধনী হতে পারে... দুর্বল মানুষরা কখনোই ধনী হতে পারে না।

পাওয়ার টিপস্ – যদি ধনী হওয়ার রেসে জিততে চান, তবে নিজেকে ঘোড়ার মতন মজবুত করে গড়ে তুলুন !

●

31

এড়িয়ে যাওয়ার প্রবৃত্তি ত্যাগ করুন

সময় মত কোন কাজ করতে পারলেই সফলতার চূড়ো স্পর্শ করা সম্ভব। যদি আপনার সময় মত কোন কাজ করার অভ্যাস না থাকে... যদি আপনার মধ্যে এড়িয়ে যাওয়ার প্রবৃত্তি থাকে, তবে আপনি কখনোই ধনী হতে পারবেন না। যদি ধনী হতে চান, তবে এড়িয়ে যাওয়ার প্রবৃত্তি ত্যাগ করতে হবে!

আপনার কাছে কি নেই, এখন সেটা ভাষার সময় নয়। আপনার কাছে যা আছে, আপনি তা দিয়ে কি করতে পারেন... সেটা ভাবুন।

*– **আর্নেস্ট হেমিংওয়ে***

আজকের কাজ কালকের জন্য রেখে দিলে যে শক্তির অপচয় হয়, সেই শক্তি দিয়ে আজকের কাজ আজই করা যেতে পারে।

এড়িয়ে যাওয়ার অভ্যাসই সময়ের সব চেয়ে বড় শত্রু হয়। এই অভ্যাস ব্যক্তিকে সফলতার পথে নিয়ে যাওয়ার পরিবর্তে নীচের দিকেই টানে। এই অভ্যাস জীবনের প্রতিটা সময়কে প্রভাবিত করে। এই এড়িয়ে যাওয়ার অভ্যাস মানুষকে পেছনের দিকে নিয়ে যায়। যারা এড়িয়ে যায়, তাদের অলস, কুঁড়ে এবং ব্যর্থ বলে মনে করা হয়।

যদি সফল হতে চান, তবে সঠিক সময়ে কাজ করতে শিখুন। নেপোলিয়ন হিলসের মতে – যারা সঠিক সময়ে কাজ করে না, তারা দারিদ্রতার অন্ধ আঁস্তাকুড় থেকে বেরোতেই চায় না। তাদের যে কোন

কাজ এড়িয়ে যাওয়ার এই যে প্রবণতা, সেটা তাদের কখনোই দারিদ্রতার হাত থেকে মুক্তি দেয় না। পৃথিবীতে যত লোক ধনী হয়েছেন, তাঁদের সকলের মধ্যেই একটা বিশেষ অভ্যাস লক্ষ্য করা যায়... তাঁরা কখনোই নিজেদের কাজ এড়িয়ে যান না। সময় মতন কাজ করার ফলেই তাঁরা ধনী হতে পেরেছেন।

প্রসিদ্ধ অর্থনীতিবিদ্ ডাঃ বেলমন সোকের মতে – কাজ এড়িয়ে চলার অভ্যাস এক ভয়ংকর অসুখ হয়। যারা এই অসুখের শিকার হন, তাঁরা সর্বদাই গরীব থেকে যান। এই পৃথিবীতে দু ধরণের মানুষ আছে – এক দল কাজ করে আর এক দল কাজ এড়িয়ে চলে। যারা কাজ করে, তারা এক-না-একদিন সফল হয়। কিন্তু যারা কাজ এড়িয়ে চলে, তারা কখনোই সফল হতে পারে না। কাজ না করার এই অভ্যাস সর্বদাই তাদেরকে পেছনে ফেলে রাখে।

মনোবৈজ্ঞানিকদের মতে – অলসতা, ইচছাশক্তির অভাব, কাজ না করার ইচছা, একাগ্রতার অভাব, নিজেকে অক্ষম মনে করা, পরিণামের প্রতি অনিশ্চিয়তা বা পারফেক্শনিস্ট না হলেই মানুষের মধ্যে কাজ এড়িয়ে যাওয়ার প্রবণতা দেখা যায়। পরে এই প্রবণতাই অভ্যাসে পরিণত হয়।

এড়িয়ে যাওয়ার মত খারাপ অভ্যাসের হাত থেকেও রেহাই পাওয়া সম্ভব। কখনোই কোন কাজকে এড়িয়ে যাবেন না – এটাকেই জীবনের লক্ষ্য করে তুলুন। যে কোন কাজ সময় মতন সম্পূর্ণ করুন। এছাড়া এড়িয়ে যাওয়ার অভ্যাস থেকে বাঁচার জন্য সর্বপ্রথম অলসতাকে ত্যাগ করুন, নিজের ভেতরে ইচছাশক্তি উৎপন্ন করুন, কাজের প্রতি আগ্রহ

সৃষ্টি করুন, নিজেকে অক্ষম মনে করবেন না, মন থেকে ভয় দূর করুন এবং সম্পূর্ণ আত্মবিশ্বাসের সাথে কাজ করে করুন।

এড়িয়ে যাওয়ার অভ্যাস জীবন থেকে দূর করুন। জীবন থেকে এটিকে যত তাড়াতাড়ি বার করতে পারবেন, তত তাড়াতাড়ি সফলতা পাবেন। সন্তুষ্টি পাবেন, উৎসাহ পাবেন, খুশী হবেন এবং সফলতা পাবেন।

যদি ধনী হতে চান, তবে কোন কাজই এড়িয়ে যাবেন না। যে কোন কাজ সময় মত শেষ করুন। যদি সম্ভব হয়, তবে সময়ের আগেই কাজ শেষ করুন। সময় মত কাজ করতে পারলে সফলতার চূড়োয় আরোহণ করতে সক্ষম হবেন।

পাওয়ার টিপস্ – এড়িয়ে চলা এক ভয়ংকর অসুখ হয়। এর সঠিক চিকিৎসা করান। সময় মত কাজ শেষ করায় প্রবণতা সৃষ্টি করুন।

●

32

দৃঢ় সিদ্ধান্ত নিন

যদি আপনি মনে-মনে ঠিক করে নেন যে, আপনি টাকা কামাবেন... প্রচুর টাকা উপার্জন করে সফলতার শিখরে পৌঁছবেন... আকাশ ছোঁবেন... জিতবেন... সফল হবেন... গন্তব্যে উপনীত হবেন... চাঁদ ছোঁবেন... আকাশের সমান উচ্চতায় উঠবেন – তবে এগুলি করতে আপনাকে কেউ-ই বাধা দিতে পারবে না। আপনি যদি মনে-মনে ঠিক করে নেন যে, আপনি ধনী হবেনই, তবে আপনার ধনী হয়ে ওঠার পথে কেউ-ই বাধার সৃষ্টি করতে পারবে না!

সফল মানুষ তারাই হয়, যারা অপরের ছোঁড়া ইঁট দিয়ে একটা সুদৃঢ় ভিত তৈরী করতে পারে।

– অজ্ঞাত

আমরা যত প্রশংসার জন্য পিপাসিত হব... নিন্দাকে ততই ভয় পাব।

– হ্যান্স সেল্‌সে (মহান মনোবৈজ্ঞানিক)

নিজেকে জয় করাই হচ্ছে সব চেয়ে বড় জয়।

– প্লেটো

যদি জীবনে সফলতা পেতে চান, তবে আপনাকে নিজের মনে এটা দৃঢ় নিশ্চয় করে নিতে হবে যে, আপনি সফল হয়েই দেখাবেন। যদি আপনি মনে-মনে ধনী হবেন বলে ঠিক করেই ফেলেন, তবে আপনি

অবশ্যই ধনী হতে পারবেন। যখন মনে-মনে কোন কাজের ব্যাপারে দৃঢ় প্রত্যয় জন্মে যায় আর সেটা করার জন্য চেস্টা শুরু করে দেওয়া হয়... নখন নিজের আকাঙ্খিত গন্তব্যে অবশ্যই উপনীত হতে পারা যায়।

ছোটবেলা থেকেই সুধা চন্দ্রন ক্ল্যাসিকাল নৃত্যের প্রতি অনুরাগী ছিলেন। উনি নৃত্যশিল্পী হতে চাইতেন... ক্ল্যাসিকাল ডান্সার হওয়াই ওনার একমাত্র শখ ছিল। এজন্য উনি নাচ শিখবেন বলে ঠিক করে নেন আর একদিন ক্ল্যাসিক্যাল ডান্সার হয়েও দেখান।

সুধা চন্দ্রন নাচ শিখতে শুরু করেন! ওনার নাচ দেখে লোকেরা অবাক হয়ে যেত। খুব অল্প দিনের মধ্যেই উনি ভালো মতন নাচ শিখে ফেলেন। কিন্তু দুর্ভাগ্যবশতঃ এক দিন এক এ্যাক্সিডেন্টে ওনার একটা পা কাটা পড়ে। পা ছাড়া তাঁর পক্ষে নাচ করা সম্ভব ছিল না। সকলের কাছেই এটা ভাগ্যের পরিহাস বলে মনে হলেও সুধা চন্দ্রন এমনটা মেনে নিতে প্রস্তুত ছিলেন না... উনি নিজের স্বপ্নকে সাকার করতে চেয়েছিলেন।

সুধা চন্দ্রনের কথা শুনে সকলেই বিব্রত হয়ে পড়েছিল! এমনটা কি ভাবে সম্ভব, তা তারা বুঝতেই পারছিল না। পা ছাড়া নাচ করা তো দূরের কথা, ঠিক মত দাঁড়ানোও সম্ভব নয়। সুধাচন্দ্রন বলেছিলেন – *"আমি যখন ক্ল্যাসিকাল ড্যান্সার হব বলে ঠিক করেই ফেলেছি, তখন তার উপায়ও আমিই খুঁজে বার করব।"* এর পরে সুধা চন্দ্রন একদিন কৃত্রিম পা সম্পর্কে জানতে পারেন।

একদিন সুধা চন্দ্রন কৃত্রিম পা লাগিয়ে গুরুর কাছে নাচ শিখতে গেলেন। ওনার জেদ আর দৃঢ়তা দেখে ওনার গুরু ওনাকে নাচ শেখাবেন বলে ঠিক করেন। প্রথম-প্রথম ওনার দাঁড়াতেও কস্ট হত। নাচতে-নাচতে পা থেকে রক্ত ঝড়ে পড়ত... কিন্তু উনি ঠিক করেছিলেন যে, যাই হোক্

না কেন... একদিন নৃত্যশিল্পী হয়ে তবে ছাড়বেন আর শেষ পর্যন্ত উনি নিজের লক্ষ্য পূরণে সক্ষমও হয়ে ওঠেন। প্রথম বার লোকেরা যখন ওনাকে স্টেজে ক্ল্যাসিকাল নাচ করতে দেখেছিলেন, তখন তাঁরা অবাক হয়ে ওঠেন... কারণ সুধা চন্দ্রন অসম্ভবকে সম্ভব করে দেখিয়েছিলেন।

আপনিও সুধা চন্দ্রনের মত মনে-মনে দৃঢ় প্রতিজ্ঞাবদ্ধ হোন্... তাহলে আপনিও সফলতা পেতে পারবেন। আপনি মনে-মনে ধনী হবেন বলে ঠিক করে নিন। অর্থ উপার্জন করতেই হবে – মনে-মনে এই ব্যাপারে দৃঢ় প্রতিজ্ঞাবদ্ধ হলে আপনিও অর্থ উপার্জনের চেষ্টা শুরু করবেন আর ধনী হতে পারবেন।

পাওয়ার টিপস্ ঃ

- মনে-মনে ঠিক করুন যে, আপনি কি পেতে চান? তা হস্তগত করার পরেই অন্য কাজে হাত দিন।
- যতক্ষন না আপনি কোন বিষয়ে দৃঢ়প্রতিজ্ঞ হচেছন... ততক্ষন পর্যন্ত আপনি কিছু পাওয়ার জন্য চেষ্টা করবেন না।
- কিছু হওয়ার জন্য... কিছু পাওয়ার জন্য... কিছু হাসিল করার জন্য দীর্ঘ পরিকল্পনা গড়ে তুলুন। আপনি তা পেয়েই ছাড়বেন... এমন প্রতিজ্ঞা করুন।
- মনে-মনে ঠিক করে নিয়ে কোন কিছু হাসিল করার চেষ্টা করুন... তবেই আপনি ভরপুর শক্তি সংগ্রহ করতে পারবেন।

●

33

নিজেকে চিনুন

যতক্ষন না আপনি নিজেকে চিনতে পারছেন, ততক্ষন পর্যন্ত আপনি ধনী হতে পারবেন না। ধনী হওয়ার জন্য নিজেকে চেনাটা খুবই জরুরী হয়। যে ভাবে মাটির তলায় হীরে, সোনা প্রভৃতি মূল্যবান সামগ্রী চাপা পড়ে থাকে... তেমনই প্রত্যেক ব্যক্তির মধ্যেও প্রচুর সম্ভাবনা লুকিয়ে থাকে। শুধুমাত্র সেগুলোকে চিনতে হয়! যে চিনতে পারে, সে ধনী হতে পারে!

কোন সুযোগই ছোট বা বড় হয় না। ছোট-ছোট সুযোগেরও যদি সদ্ব্যবহার করা যায়, বুদ্ধি খাটিয়ে কাজ করা যায়... তবে সেই ছোট সুযোগও বিশালাকার ধারণ করে।

– স্বেট মার্ডেন

তারাই জয়ী হয়, যাদের জয়ের প্রতি বিশ্বাস থাকে।

– ভর্জিল

যে কোন ব্যক্তিই ধী হতে চায়। কিন্তু খুব কম লোকই আছে, যারা নিজেদের চিনে নিয়ে লক্ষ্যে উপণীত হওয়ার চেষ্টা করে। কিন্তু তারা সামান্য চেষ্টার পরেই ক্লান্ত হয়ে পড়ে আর হতাশাগ্রস্ত হয়ে হাতের ওপর হাত রেখে বসে পড়ে। এই ধরণের মানুষদের সব চেয়ে বড় ভুল হল, তারা নিজেদের চিনতে পারে না। রতন টাটার মতে – যে ব্যক্তি নিজেকে চিনতে পারে না, সেই-ই ব্যর্থতার কান্না কাঁদে। এক আশ্রমে গুরু তাঁর শিষ্যদের প্রশ্নের উত্তর দিচ্ছিলেন। এক শিষ্য গুরুকে

জিজ্ঞাসা করে – "পাহাড় সব চেয়ে শক্তিশালী! তার থেকে শক্তিশালী এই পৃথিবীতে কিছু আছে কি?"

গুরু বলেন – "পাহাড়ের থেকেও লোহা বেশী শক্তিশালী হয়... কারণ লোহার দ্বারা পাহাড় কেটে রাস্তা তৈরী করা হয়।"

"গুরুদেব, তাহলে লোহা সব চেয়ে বেশী শক্তিশালী?"

"না, লোহার থেকেও আগুন বেশী শক্তিশালী... কারণ আগুন লোহাকে গলিয়ে দেয়।"

"তার মানে, পৃথিবীতে সব চেয়ে বেশী শক্তিশালী হচ্ছে আগুন?"

"না... আগুনের থেকেও জল বেশী শক্তিশালী! কারণ জল আগুন নেভাতে পারে।"

"গুরুদেব, তাহলে জল সব চেয়ে শক্তিশালী?"

"না, জলের থেকেও অধিক শক্তিশালী সূর্য... যা জলকে শুকিয়ে দিতে পারে।"

"তাহলে কি সূর্য সব চেয়ে শক্তিশালী?"

"সূর্যের থেকে বেশী শক্তিশালী মেঘ... সেটা সূর্যকে ঢাকতে পারে।"

"তার মানে মেঘ সব চেয়ে শক্তিশালী?"

"না, মেঘের থেকেও অধিক শক্তিশালী হল হাওয়া... যা মেঘকে উড়িয়ে নিয়ে যেতে পারে।"

"তাহলে কি হাওয়া সব চেয়ে শক্তিশালী?"

"না বৎস! সব চেয়ে শক্তিশালী হল মানুষ... যে এই সব কিছুকে বশীভূত করতে পারে। মানুষ সব করতে পারে। সে পাহাড় হেলাতে পারে, লোহা গলাতে পারে, হাওয়া এবং জলের গতি পরিবর্তিত করতে পারে, আগুন নিয়ন্ত্রণ করতে পারে। সে সূর্যের মতন চমকাতে পারে।"

আমার এই কথা বলার অর্থ হল, প্রত্যেক ব্যক্তির মধ্যে সেই সমস্ত

গুণ থাকে, যেগুলো ধনী হওয়ার জন্য প্রয়োজন। শুধুমাত্র সেটা চিনে নেওয়াই হচ্ছে সব চেয়ে বড় কথা। কেলভিন কুলিজের মতে – খুব কম লোকই আছে, যাদের মধ্যে ক্ষমতার অভাব দেখা যায়... কিন্তু তাদের অসফলতার কারণ হল, তারা ক্ষমতার সদ্ব্যবহার করতে পারে না। এক মনোবৈজ্ঞানিকের মতে – প্রত্যেক ব্যক্তির মধ্যে এক অলৌকিক গোপনীয় শক্তি থাকে... যেটার কল্পনা সে নিজেও করতে পারে না, অন্য কেউও করতে পারে না। কিন্তু এই শক্তির স্বরূপ প্রকট হলে অন্য লোকেদের সাথে-সাথে তারাও অবাক হয়ে যায়।

মানুষের মধ্যেও হীরের মতন অলৌকিক শক্তি থাকে। মানুষ নিজের পরিশ্রম আর চেষ্টার দ্বারা সেই শক্তিকে হীরের মতন চমকিত করে তোলে আর সফলতার শিখরে পৌঁছে সবাইকে অবাক করে দেয়! এই কথা বলার অর্থ হল, নিজের শক্তিকে চিনতে না পারলে জীবনে সফল হওয়া মুশ্কিল হয়। যখন আপনি নিজেকে চিনতে পারবেন, নিজের ক্ষমতা বুঝবেন, নিজের কার্যকুশলতাকে চিনতে পারেবন, নিজের শক্তিকে বুঝতে পারবেন... একমাত্র তখনই আপনি এগিয়ে যেতে পারবেন আর অর্থ উপার্জন করতে পারবেন।

পাওয়ার টিপস্ – নিজের ভেতরে ভালো করে উঁকি মারুন... নিজেকে চিনুন... আপনি সব কিছু করতে পারবেন।

●

34

লীডার হওয়ার ক্ষমতা

ধনী হতে চান? তাহলে নিজের মধ্যে লীডারশিপ অর্থাৎ নেতৃত্ব দেওয়ার ক্ষমতা থাকতে হবে। আপনার মধ্যে লীডারশিপের গুণ থাকলে আপনি সফলতার শিখরে পৌঁছতে পারবেন। নিষ্ঠা, দৃঢ়তা এবং ইচ্ছাশক্তির সাথে লীডার হওয়ার ক্ষমতাও থাকাটাও অত্যন্ত জরুরী হয়। ধনী হওয়ার জন্য লীডার হওয়ার ক্ষমতা থাকতেই হবে।

যার মধ্যে নেতৃত্ব করার ক্ষমতা থাকে না... তার যোগ্যতা কমই থেকে যায়।

– নেপোলিয়ন

নিষ্ঠা, দৃঢ়তা এবং ইচ্ছাশক্তি থাকলে মানুষ প্রচুর ব্যর্থতার পরেও জিততে পারে।

– আব্রাহাম লিঙ্কন

যেহেতু তাদের মধ্যে এই বিশ্বাস ছিল যে, তারা যোগ্য... তাই তারা যোগ্য!

– ভর্জিল

একজন লীডারের মধ্যে দূরদর্শিতা, ব্যবহার কুশলতা, লক্ষ্য এবং পরিণাম সম্পর্কে বিশেষ জ্ঞান থাকতে হবে। লীডার হওয়ার পরই ধনী হওয়া সম্ভব। অপরের দাসত্ব করে আপনি কখনোই ধনী হতে পারবেন না।

আজ পর্যন্ত যত লোক ধনী হতে পেরেছেন... তাঁদের সকলের

ভেতরে ধনী হওয়ার ক্ষমতা ছিল বলেই তাঁরা ধনী হতে পেরেছেন। আপনার ভেতরেও লীডার হওয়ার ক্ষমতা থাকলে আপনিও এগিয়ে চলতে পারবেন। যদি আপনি লীডার হওয়ার মত ক্ষমতা রাখেন, তাহলে অপরকে দিয়ে কাজ করিয়ে নিতে পারবেন। আপনার মধ্যে

লীডার হওয়ার মত ক্ষমতা থাকলে আপনি বহু লোককে একত্রিত করতেও পারবেন।

নেপোলিয়নের মধ্যে লীডারশিপের ক্ষমতা ছিল... সিকান্দারের মধ্যেও লীডারশিপের ক্ষমতা ছিল। তবেই তাঁরা জয়লাভ করতে সক্ষম হয়েছিলেন। ধীরুভাই অম্বানীর মধ্যেও লীডারশিপের ক্ষমতা ছিল... তবেই তিনি লোকেদের একত্রিত করে এক বিশাল কোম্পানীর ভিত্তি স্থাপন করতে পেরেছিলেন। বিল গেটস্, লক্ষ্মী মিত্তল, আজীম প্রেম জী, কারসন ভাই-য়েরা, নারায়ণমূর্তি, ঘনশ্যাম দাস বিড়লা প্রমুখ ব্যক্তিদের মধ্যেও লীডারশিপের ক্ষমতা ছিল... তবেই তাঁরা ধনী হতে পেরেছিলেন। আপনার ভেতরে লীডারশিপের ক্ষমতা না থাকলে আপনি কখনোই ধনী হতে পারবেন না। আপনি যদি ধনী হতে চান, তবে নিজের মধ্যে লীডারশিপের গুণ বিকশিত করে তুলুন। ভালো লীডার হওয়ার জন্য নিম্নলিখিত বিষয়গুলির প্রতি দৃষ্টি দিন ঃ-

- যে কোন কাজের ব্যাপারে নির্দেশ দিতে শিখুন।

- যে কাজের কথাই ভাবুন না কেন... সর্বদা উঁচু ভাবুন।
- নিজের প্রতি বিশ্বাস রাখুন।
- অপরের ভরসায় কাজ করবেন না।
- নিজের কাজের ব্যাপারে নিপুণতা অর্জন করুন।
- নতুন প্রতিদ্বন্দ্বিতার জন্য প্রস্তুত থাকুন।
- কোন কাজ বিগড়ে গেলে অপরকে দোষ দেবেন না।
- নিজের টীমের জন্য রোল মডেল হয়ে উঠুন।
- যত বড়ই হোন্ না কেন... কখনোই নিজের শুরুর জীবন ভুলবেন না।
- সর্বদা ইতিবাচক চিন্তাধারা বজায় রাখুন।
- কাজের প্রতি বিশ্বাস রাখুন।
- দায়িত্ববান হোন।
- টীমকে সম্মান করুন।
- কম্যুনিকেশন গ্যাপ হতে দেবেন না।
- টীমকে কাজের সূক্ষ্মতার ব্যাপারে বোঝান।
- টীমের সঙ্গে থেকে নতুন কোন ইতিহাস গড়ার চিন্তা করুন।

●

35

জয়ের ব্যাপারে চিন্তা করুন

সর্বদা জয়ের ব্যাপারে ভাবুন। যে ব্যক্তি জয়ের ব্যাপারে চিন্তা করেন... তিনি-ই জয়ী হন। জয়ের চিন্তা মানুষকে এগিয়ে নিয়ে যায়। মাউন্ট এভারেস্ট জয়ী সন্তোষ যাদব সর্বদা নিজের জয়ের ব্যাপারে চিন্তা করতেন। তাই তিনি মাউন্ট এভারেস্ট জয় করতে সক্ষম হয়েছিলেন। অভিনব বিন্দ্রা বেজিং অলিম্পিকে স্বর্ণপদক জয় করতে চেয়েছিলেন বলেই তিনি স্বর্ণপদক লাভ করেছিলেন।

বেশীর ভাগ বড় লক্ষ্য হাসিল না হওয়ার কারণ হচ্ছে আমরা ছোটখাটো কাজ করেই নিজেদের সময় কাটিয়ে দিই।

– রবার্ট জে. ম্যাক্যান

আপনি যদি নিজের ভেতরে দারিদ্রতার বীজ বপন করেন, তবে দারিদ্রতার ফসলই ফলবে আর ধনাঢ্যতার বীজ বপন করলে ধনাঢ্যতাই প্রাপ্ত করবেন। হারার কথা ভাবলে হারবেন... জেতার কথা ভাবলে জয়লাভ করবেন। কোন খেলোয়াড় যখন মাঠে নামে, তখন তার মনে জয়ের চিন্তাই থাকে। যদি ধনী হতে চান, তবে ধনী হওয়ার কথা মাথায় রেখেই কাজ শুরু করুন... তবেই আপনি সফলতা পাবেন। জয়ী নেপোলিয়নের শব্দকোষে *'হার'* শব্দটা ছিল না! ঠিক তেমনি আপনিও ধনী হতে চাইলে নিজের শব্দকোষ থেকে *'হার'* শব্দটা ফেলে দিয়ে সর্বদা জয়ের ব্যাপারে চিন্তা করুন। আপনি যখনই জয়ের কথা ভাববেন, তখনই আপনি নতুন শক্তি প্রাপ্ত করবেন... আপনার উৎসাহ বৃদ্ধি

পাবে... আপনার ভেতরে আত্মবিশ্বাস জেগে উঠবে... এগিয়ে চলার জন্য নতুন-নতুন আইডিয়া আসবে... আপনার মধ্যে উৎসাহ বৃদ্ধি পেলে আপনার আশপাশের লোকেদের মধ্যেও উৎসাহ দেখা যাবে... আপনার আত্মবিশ্বাস দেখে সামনের লোকের মধ্যেও আপনার প্রতি বিশ্বাস বৃদ্ধি পাবে।

'আমি জিততে পারব না' বা *'জেতা সম্ভব নয়'* প্রভৃতি বাক্য আপনার মনকে হতোৎসাহিত করে। এই ধরণের চিন্তা আপনাকে কখনোই এগোতে দেবে না। *'জিততে পারব না'*-র অথ হচ্ছে কাজ শুরু করার আগেই হার স্বীকার করে নেওয়া। আপনি যদি হারের কথা ভেবেই ফেলেন, তবে জেতার ব্যাপারে কি করে ভাববেন ? আপনার হার নিশ্চিত ! কারণ এমন চিন্তা আপনার উৎসাহ কমিয়ে দেবে। আপনার মধ্যে আত্মবিশ্বাসের অভাব দেখা দেবে। আপনি জেতার জন্য নতুন-নতুন আইডিয়া ভাবতেই পারবেন না... কারণ আপনি আগে থেকেই হারের কথা ভেবে নিয়েছেন। *'হার'* শব্দটা পেছিয়ে পড়া, হতাশ আর ব্যর্থ ব্যক্তিদের ক্ষেত্রে প্রযোজ্য হয়। যে ব্যক্তি জেতার কথা ভাবে, সে চ্যাম্পিয়ন হয়। সফলতা আপনা থেকে তার হাতে এসে ধরা দেয়। তারাই নাম-যশ অর্জন করতে পারে। সর্বদা মনে-মনে জয়ের ব্যাপারে চিন্তা করুন। জয়ের চিন্তা সর্বদা আপনাকে এগিয়ে নিয়ে যাবে। যে জয়ী হয়, তার *'হার'* শব্দের সাথে কোন সম্পর্কই থাকে না।

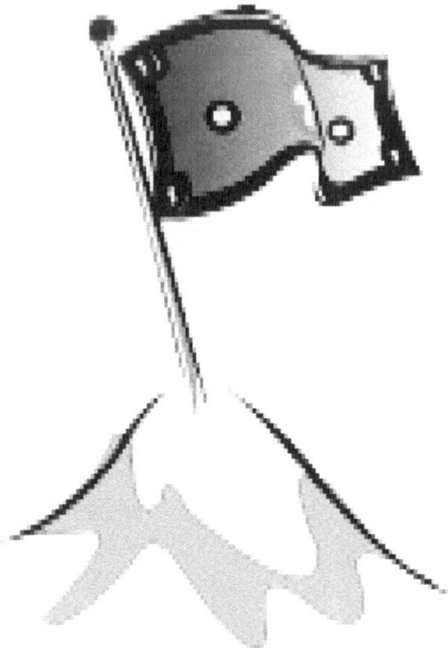

ইতিহাস এই ব্যাপারে সাক্ষী দেয় যে, অশোক হোন্ বা নেপোলিয়ন... মহাত্মা গান্ধী হোন্ বা নেলসন ম্যাণ্ডেলা... ভাস্কো ডা গামা হোন্ বা কলম্বাস... শেক্সপীয়র হোন্ বা প্রেমচন্দ...

অমিতাভ বচ্চন হোন্ বা বেকহ্যাম... সন্তোষ যাদব হোন্ বা শীতল মহাজন – এঁদের সকলের মধ্যেই একটা কমন ব্যাপার ছিল – তা হল জয়ের চিন্তা করা। তাঁরা লক্ষ্যপ্রাপ্তির জন্য নিজেদের ভেতরে জেতার প্রবণতাকে বজায় রেখেছিলেন আর তারা জিতেই দেখিয়েছেন। এক সাধারণ পরিবারে জন্ম গ্রহণ করা শীতল মহাজন উত্তর মেরু আর দক্ষিণ মেরুতে স্কাই জাম্প করে ইতিহাস রচনা করেন। উত্তর মেরু আর দক্ষিণ মেরুতে মহিলাদের হাওয়াই জাহাজ থেকে স্কাই জাম্প করার অনুমতি ছিল না... কিন্তু শীতল মহাজন নিজের লক্ষ্য পূরণের জন্য সমস্ত প্রতিবন্ধকতার মোকাবিলা করেছিলেন... যেগুলো তাঁর লক্ষ্যের পথে বাধার সৃষ্টি করছিল!

জয়ের ব্যাপারে তাঁর এই চিন্তাই তাঁকে সর্বদা নতুন শক্তি প্রদান করে গেছে। তিনি শুধু ভারতেই নয়... গোটা পৃথিবীর প্রথম মহিলা – যিনি উত্তর মেরু আর দক্ষিণ মেরুতে স্কাই জাম্প করে নিজের স্বপ্ন পূরণ করতে পেরেছিলেন। জয়ের প্রতি তাঁর এই চিন্তাই তাঁকে এই সফলতা প্রদান করেছিল। আপনিও সর্বদা নিজের কাজে জয়ের ব্যাপারে চিন্তা করুন আর জয়লাভ করুন।

পাওয়ার টিপস্ – সর্বদা জয়ের জন্য উৎসাহ বজায় রাখুন... তবেই আপনি ধনাঢ্যতা প্রাপ্ত করতে পারবেন।

36

লেগে থাকুন

আকাংখিত বস্তু প্রাপ্ত করার জন্য সর্বদা মন দিয়ে চেস্টা করতে থাকুন... তবেই সেই বস্তু হাসিল করতে পারবেন। ভোজপুরী ভাষায় একটা প্রবাদ আছে – *'রাজা ভইয়া... লগে রহো।'* লেগে থাকার অর্থই হচ্ছে সফলতা। যদি কোন কাজে লেগে থাকা যায়, তবে এক-না-একদিন অবশ্যই সফলতা পাওয়া সম্ভব! ধনী হওয়ার জন্য, ঐশ্বর্য প্রাপ্ত করার জন্য লেগে থাকতেই হবে... তবেই আপনি ধনী হতে পারবেন!

যদি আপনি নিজের ইচ্ছামতন কাজ করতে না পারেন... তবে সেই ইচ্ছাই করুন, যা আপনার পক্ষে করা সম্ভব।

– ***টেরেন্স***

কোন ব্যক্তি যতক্ষন না মন-প্রাণ দিয়ে নিজের কাজ করতে পারে... ততক্ষন সে কোন মহান কাজ করতে পারে না।

– ***জন ভানামেকার***

এডিসন বাল্ব আবিস্কার করেছিলেন! এই আবিস্কারের জন্য উনি বহু বছর ধরে চেস্টা করেছিলেন। বাল্ব আবিস্কারের জন্য উনি প্রায় 200-টা আবিস্কার করেছিলেন... তারপর উনি একটা ভালো বাল্ব আবিস্কার করতে পেরেছিলেন। বাল্বের আবিস্কার দেখে একটা জিনিষ স্পস্ট বোঝা যায় যে, যদি কিছু পেতে হয়... তবে তার জন্য লেগে থাকতেই হবে। যতক্ষন না সেটা পাওয়া যাচ্ছে... ততক্ষন চেস্টা করতেই থাকুন। যদি এডিসন দু-একবার চেস্টা করার পরে হাল ছেড়ে

দিতেন, তবে আজ পৃথিবীর অধিকাংশ স্থান অন্ধকারই থেকে যেত। এডিসন কিন্তু একের-পর-এক গবেষণা চালিয়ে গেছিলেন... তিনি সন্ধান করতেই থাকেন। তাঁর এই প্রয়াসই আজ পৃথিবীকে অন্ধকার থেকে মুক্ত করতে পেরেছে। এডিসনের মতে – যতক্ষন না সফল হচ্ছেন, ততক্ষন ধরে চেস্টা চালিয়ে যান।

আমেরিকার রাস্ট্রপতি আব্রাহাম লিঙ্কন বহু বার ভোটে হেরেছিলেন। তা সত্ত্বেও উনি একের-পর-এক নির্বাচনে দাঁড়িয়েছেন। উনি নিজের উদ্দেশ্য পূরণের জন্য প্রয়াস করে গেছেন। লোকেরা মানা করা সত্ত্বেও উনি নির্বাচনে দাঁড়াতেন এবং জেতার চেস্টা করতেন। তাঁর এই প্রয়াসের জন্যই এক দিন উনি জয়ের মুখ দেখেছিলেন। এগুলি সবই নিজের কাজে লেগে থাকার পরিণাম। নিজের কাজে লেগে থাকলে অবশ্যই সফলতা পাওয়া সম্ভব।

অমিতাভ বচ্চন নিজের অভিনয় জীবনের প্রথম দিকে বহু ছবিতে ব্যর্থ হয়েছিলেন। তা সত্ত্বেও উনি হাল ছেড়ে দেননি। নিজের কাজ নিয়ে চেস্টা চালিয়ে গেছেন। *'জঞ্জীর'* নামক ফিল্ম থেকেই উনি জনপ্রিয়তা অর্জন করেছিলেন। আজ উনি *'মিলেনিয়াম স্টার'*! অমিতাভ বচ্চন যদি ব্যর্থতাকে স্বীকার করে নিয়ে চেস্টা করা বন্ধ করে দিতেন... তবে আজ উনি *'মিলেনিয়াম স্টার'* হতে পারতেন না!

তৈমুর লং পরাজিত হওয়ার পর শত্রুদের হাত থেকে বাঁচার জন্য দূরের এক জঙ্গলে পালিয়ে গিয়ে এক গুহায় আশ্রয় নিয়েছিলেন। উনি অত্যধিক শারীরিক ক্লান্তির কারণে এক জায়গায় শুয়ে পড়েন... ঠিক তখনই একটা পিঁপড়ের দিকে তাঁর নজর পড়ে। পিঁপড়েটা মুখে একটা দানা নিয়ে দেওয়াল বেয়ে ওপরের দিকে ওঠার চেস্টা করছিল। তার মুখ

থেকে দানাটা পড়ে যায়। সে নীচে এসে আবার দানা মুখে নিয়ে আবার একবার দেওয়াল বেয়ে ওঠার চেষ্টা করে। কখনও সে পড়ে যেত, তো কখনও তার দানাটা পড়ে যেত... কিন্তু সে চেষ্টা করা ছেড়ে দেয়নি। তৈমুর লং গুনে দেখেছিলেন যে, পিঁপড়েটা ষোল বার ব্যর্থ হওয়ার পরে সতেরো বারের চেষ্টায় সে দানাটা মুখে নিয়ে ওপরে যেতে সক্ষম হয়। পিঁপড়ের সফলতা দেখে তৈমুর লং এটা বুঝতে পেরেছিলেন যে, নিজের কাজে লেগে থাকাই হচ্ছে সফলতা প্রাপ্তির প্রধান মন্ত্র। মহম্মদ গজনী-ও 15 বার সোমনাথ আক্রমণ করে জয়লাভ করতে পারেননি... তিনি 16 বারের বার জয়লাভ করেছিলেন।

যুদ্ধ হোক বা ব্যবসা – সব ক্ষেত্রে সফলতা পাওয়া মানেই উঁচুতে ওঠা! যদি ধন-দৌলত পেতে চান, তবে তা পাওয়ার জন্য চেষ্টা চালিয়ে যেতে হবে। জে. এ্যাণ্ড্রুজের মতে – চেষ্টার অর্থ হল 19 বার ব্যর্থ হওয়ার পর 20 বারের বার সফলতা পাওয়া। এই সংখ্যা 20-র থেকে বেশীও হতে পারে... আবার কমও হতে পারে। চেষ্টা চালিয়ে গেলে যে কোন জিনিষই পাওয়া সম্ভব। ধন্যাঢ্যতা অর্জনের জন্য ধনী হওয়ার চেষ্টা করতে হবে।

পাওয়ার টিপস্ – যদি কোন জিনিষ পেতে চান আর যদি সেটা হাসিল করার জন্য চেষ্টা না করেন... তাহলে সেটা হাসিল করবেন কি করে ? তাই সেটা পাওয়ার জন্য চেষ্টা চালিয়ে যান। আপনি অবশ্যই সেটা হাসিল করবেন। কথায় বলে – *'সবুরে মেওয়া ফলে!'*

●

37

শর্টকাট নেবেন না

ধনী হওয়ার জন্য কখনই শর্টকাট পথে চলবেন না। শর্টকাট দ্বারা আপনি অর্থ তো উপার্জন করতে পারবেন... কিন্তু কখনোই ধনী হতে পারবেন না। কারণ শর্টকাট দ্বারা উপার্জিত অর্থ এক পথ দিয়ে আসে আর অন্য পথ দিয়ে বেরিয়ে যায়। এই অর্থের মাধ্যমে আপনি কিছু দিন ধনাঢ্যতা উপভোগ করতে পারলেও সেটা চিরস্থায়ী হয় না... তাই ধনী হওয়ার জন্য কখনোই শর্টকাট পথ গ্রহণ করবেন না!

যে দিন আপনি অজুহাত দেখানো বন্ধ করবেন, সেদিনই আপনি শিখরের দিকে যাত্রা শুরু করবেন।

– ও. জে. সিম্পসন

সফল হওয়ার জন্য দুটি উপায় আছে। একটা হল, ভালো উপায় অর্থাৎ পরিশ্রম দ্বারা আর অপরটি হল খারাপ উপায় অর্থাৎ শর্টকাট। চুরি, জোচ্চুরি, ডাকাতি, জালিয়াতি, অবৈধ ব্যবসা প্রভৃতির দ্বারা আপনি অতি শীঘ্র ধনী হতে পারলেও সুখে-শান্তিতে ঘুমোতে পারবেন না। যারা শর্টকাট পথ গ্রহণ করে, তারা অশান্তিতে ভোগে আর অনুতাপের আগুনে দগ্ধ হয়... কারণ তারা নিজেদের লোকেদের হাত থেকে, পুলিশের হাত থেকে আর সমাজের হাত থেকে বাঁচাতে চায়। আইনের তলোয়ার তাদের মাথার ওপরে ঝুলতে থাকে আর সমাজও

তাদেরকে ঘৃণার চোখে দেখে। সঠিক পথে ধনী হতে পারলে ব্যক্তি সমাজে প্রতিষ্ঠা পায়... লোকেরা তাদের প্রশংসা করে। যদি ধনী হতে চান, তবে শর্টকাট থেকে নিজেকে বাঁচিয়ে রাখুন। সফলতার কোন শর্টকাট পথ নেই। চাঁদে পৌঁছনোর কোন শর্টকাট পথ আছে কি ? আকাশ ছোঁওয়ার কোন শর্টকাট পথ আছে কি ? এই সব স্থানে পৌঁছনোর জন্য সোজা রাস্তায় চলতে হয়। ধনী ব্যক্তিদের দিকে তাকিয়ে দেখুন... আপনাদের সামনে সব কিছু পরিস্কার হয়ে পড়বে। ধনী ব্যক্তিরা জীবনে ধনী হওয়ার জন্য কোন শর্টকাট পথ গ্রহণ করেননি। শর্টকাট পথে চলা ব্যক্তিরা সর্বদাই পেছিয়ে পড়ে।

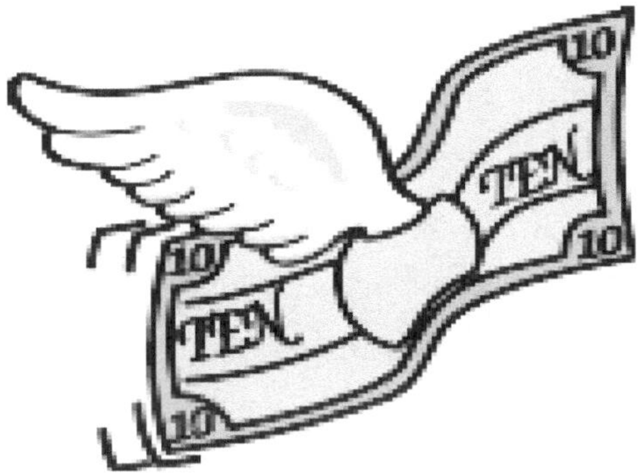

সোমেশ সব কিছু পাওয়ার চেস্টা করত। সে ধনী হতে চাইত। শর্টকাট পথে ধনী হতে চাইত। সে লোকেদের অর্দ্ধেক দামে জিনিষ বেচার ব্যবসা শুরু করে। অর্দ্ধেক দামে জিনিষ পাওয়ার আশায় লোকেরা ভীড় করতে শুরু করে। প্রথম-প্রথম সোমেশ কিছু লোককে অর্দ্ধেক দামে জিনিষ দিতেও শুরু করে। তারপর সে লোকেদের থেকে পয়সা জমা নিয়ে জিনিষ বুকিং করতে শুরু করে। কিছুদিনের মধ্যে তার কাছে কোটি টাকা জমে যায়। সুযোগ বুঝে সে সমস্ত টাকা-পয়সা নিয়ে সেখান থেকে পালিয়ে যায়। লোকের পয়সা হস্তগত করে সে ধনী হয়ে ওঠে ঠিকই... কিন্তু সেদিন থেকেই তার খারাপ সময় শুরু হয়ে যায়। সে পুলিশ আর লোকেদের ভয়ে লুকিয়ে থাকত... তার দিনের শান্তি আর রাতের ঘুম চলে গেছিল। সর্বদা সে ভয়ে-ভয়ে থাকত। কোন খাবার তার গলা দিয়ে নীচে নামত না। নিজেকে বাঁচানোর জন্য কখনো এই শহরে, তো কখনো অন্য শহরে ঘুরে বেরাত। কাছে যে টাকা ছিল, তাও শেষ হয়ে যাচিছল। শেষ পর্যন্ত একদিন সে পুলিশের হাতে ধরা পড়ে। যখন পুলিশ তাকে গ্রেপ্তার করে, তখন তার কাছে কিছুই ছিল না... সে তিন দিন ধরে অভুক্ত ছিল। এই কথার অর্থ হল এই

যে, শর্টকাট দ্বারা উপার্জিত অর্থ মানুষকে কেবল বিব্রতই করে। এই পয়সা যেমন শর্টকাটে আসে... সেরকম শর্টকাটেই চলে যায়। দাউদ ইব্রাহিম, ছোট রাজন, আবু সালেম প্রমুখেরা অন্ধকার জগত থেকে প্রচুর অর্থ উপার্জন করেছে। আজ তারা নিজেদের প্রাণ বাঁচানোর জন্য এদিক-ওদিক পালিয়ে বেড়াচ্ছে... সারা পৃথিবীর পুলিশ তাদেরকে খুঁজে বেড়াচ্ছে। হর্ষদ মেহতা শেয়ার বাজারের ধান্ধা করে প্রচুর অর্থ উপার্জন করলেও তাকে জেলে যেতেই হয়েছে।

ধনী হওয়ার জন্য আপনিও কখনও শর্টকাট বা ভুল রাস্তা গ্রহণ করবেন না। শর্টকাট রাস্তা অন্ধকারের দিকে নিয়ে যায়... এমন অন্ধকার সুরঙ্গে নিয়ে যায়... যেখান থেকে বেরোনো মুশ্কিল হয়ে পড়ে। সেখানে ধন-দৌলত পাওয়া গেলেও সুখ-শান্তি-স্বাচ্ছন্দ কিছুই পাওয়া যায় না। যদি জীবনে উঁচুতে উঠতে চান, তবে শর্টকাট থেকে দূরে থাকুন। রাতারাতি সফলতার শিখরে পৌঁছানো সম্ভব হয় না। তার জন্য একটা-একটা করে ধাপ পার করতে হয়। একটা-একটা করে ধাপ পার করে আপনি ধনাঢ্যতার শিখরে পৌঁছতে পারেন।

পাওয়ার টিপস্ – শর্টকাট পথ গ্রহণ করে যে যত শীঘ্র এগোবে, তার সফলতার গ্রাফ ততই নীচের দিকে নামতে থাকবে।

38

বুদ্ধিমান

কুবেরের ধন প্রাপ্ত করার জন্য বুদ্ধিমান হওয়াটা খুবই জরুরী। আপনি বুদ্ধিমান না হলে কখনোই ধনী হতে পারবেন না। কোন বিষয়ে ডিগ্রী লাভ করা মানেই বুদ্ধিমান হওয়া নয়। বুদ্ধিমান ব্যক্তি যে কোন কাজ সুন্দর উপায়ে নিপুণতার সঙ্গে সম্পূর্ণ করেন!

মন হচ্ছে একটা শ্রমিক; যদি সে শ্রমিক হতে না পারে, তবে কিছুই করতে পারবে না।

– জোসেফ কানর্যাড

এবার আমি আপনাদের কমল আর অনিলের গল্প শোনাতে চাই। কমলের কাছে বিজনেস ম্যানেজমেন্টের ডিগ্রী ছিল। সে তার নিজের কাজ শুরু করে। তার কাছে ডিগ্রী থাকলেও বুদ্ধিমত্তা ছিল না... যার ফলে সে কর্মচারীদের দিয়ে কাজ করতে পারত না।

কিন্তু অনিলোর কাছে কোন বিজনেস ম্যানেজমেন্টের ডিগ্রী ছিল না... তা সত্ত্বেও সে সফলতার সিঁড়ি দিয়ে ওপরে উঠে চলেছিল। অনিলের সব চেয়ে বড় গুণ এটা ছিল যে, সে অত্যন্ত বুদ্ধিমান ছিল। তার ভেতরে অন্যদের দিয়ে কাজ করিয়ে নেওয়ার ক্ষমতা ছিল। সফলতা পেতে হলে শুধু কাজ সম্পর্কে জানলেই হবে না... কি ভাবে সেই কাজটা সম্পূর্ণ করা যায়, সেটাও জানতে হবে।

এখানে আমি আপনাদের একটা বেশ মজার ঘটনা বলতে চাই। চার বন্ধু মিলে মুম্বাই থেকে পুণা যাচ্ছিল গাড়ীতে। তাদের মধ্যে একজন উকিল, একজন ডাক্তার, একজন ইনস্পেকটর আর আর একজন কোন এক কোম্পানীর সি.ই.ও. ছিল। পুনা হাইওয়ে দিয়ে তাদের গাড়ী দ্রুত গতিতে ছুটছিল... কিন্তু হঠাৎই গাড়ীর পেছনের চাকা পাংচার হয়ে যায়। গাড়ী সাইড করে চারজনই গাড়ী থেকে নেমে যায়। একজন জ্যাক লাগায়... আরেকজন চাকা খোলে... তৃতীয় জন চাকা লাগাতে শুরু করে। ইতিমধ্যে একজনের হাত থেকে চাকার চারটে বোল্ট খাদের মধ্যে পড়ে যায়। বোল্ট ছাড়া চাকা লাগানো অসম্ভব। এখন কি করা যায়? চারজনেই সমস্যায় পড়ে যায়। বহু দূর পর্যন্ত কিছুই দেখতে পাওয়া যাচ্ছিল না। চারজনেই মোবাইল ফোনের দ্বারা ফোন করার চেষ্টা করছিল... কিন্তু সেখানে নেটওয়ার্ক ছিল না। চারজন আরও সমস্যায় পড়ে যায়। এমন সময় একজন পশুচারণকারী তার পশুগুলোকে নিয়ে জঙ্গল থেকে বেরিয়ে আসে। চার বন্ধু তাকে মেকানিকের কথা জিজ্ঞাসা করে। সেই লোকটা একটা পাহাড়ের দিকে ইশারা করে বলে যে, সেখান থেকে দশ কিলোমিটার দূরে পাহাড়ের ওপরে মেকানিক পাওয়া যাবে। এই কথা শুনে চারজন আরও সমস্যায় পড়ে যায়। কি করবে, তারা কিছুই বুঝতে পারছিল না।

তাদের মধ্যে একজন সেই পশুচারণকারীকে বলে – *"আমাদের গাড়ীর চাকার চারটে বোল্ট খাদে পড়ে গেছে... তুমি কি সেগুলো খুঁজে এনে দিতে পারবে?"*

"আরে সাহেব, ছোট-ছোট বোল্ট খাদে কোথায় খুঁজব? সাহেব, আপনারা বাকী তিনটে চাকার থেকে একটা করে বোল্ট কেন বার করে নিচ্ছেন না?"

পশুচারণকারীর কথা শুনে চার বন্ধু একে-অপরের মুখ দেখতে

থাকে। সেই চারজনের কাছেই বেশ বড়-বড় ডিগ্রী ছিল। তা সত্ত্বেও তাদের মাথায় এটা আসেনি যে, গাড়ীর অন্য তিনটে চাকা থেকে একটা করে বোল্ট খুলে কাজ চালানো সম্ভব। এর অর্থ হল, বুদ্ধিমান ব্যক্তির সামনে অনেক বড়-বড় ডিগ্রীধারীরাও ফেল করে যায়। সফলতা পাওয়ার জন্য জ্ঞান থাকার সাথে-সাথে বুদ্ধিমান হওয়াটাও জরুরী। রমেশ আর বিপুল একটা কোম্পানীতে ইন্টারভিউ দিতে যায়। রমেশের ডিগ্রী বিপুলের ডিগ্রীর থেকে কম ছিল... তা সত্ত্বেও কোম্পানী রমেশকেই নির্বাচন করে। এর কারণ হল ইন্টারভিউতে যা-যা জিজ্ঞাসা করা হয়েছিল, রমেশ নিপুণতার সাথে সেগুলোর উত্তর দিয়েছিল। কম ডিগ্রী থাকা সত্ত্বেও সে তার যোগ্যতা প্রমাণ করেছিল। এজন্যই তাকে নির্বাচন করা হয়েছিল। কাজে নিপুণ হওয়ার সাথে-সাথে বুদ্ধিমান হওয়াটা অত্যন্ত জরুরী হয়। বুদ্ধিমান ব্যক্তিই ধন অর্জন করতে সক্ষম হয়। তারা অত্যন্ত চতুরতার সাথে টাকা উপার্জন করে ধনাঢ্যতার তালিকায় নিজেদেরকে শামিল করে নিতে পারে।

পাওয়ার টিপস্ – একটা অতি পুরাতন প্রবাদ আছে – *"এক গ্যালন চিনির রসের পরিবর্তে এক ফোঁটা মধু দিয়ে অনেক বেশী মাছি ধরা যেতে পারে!"* শুধুমাত্র ডিগ্রী বা ডিপ্লোমা থালকলেই হবে না। সময়ের প্রয়োজন অনুসারে কি ভাবে কাজ করা সম্ভব, সেটাই বিবেচ্য বিষয়।

39

ইতিবাচক এনার্জী

প্রত্যেক মানুষের মধ্যেই ইতিবাচক এনার্জী আর নেতিবাচক এনার্জী থাকে। ইতিকাচক এনার্জী দ্বারা সফলতার গাড়ী সামনের দিকে এগিয়ে চলে। অন্য দিকে নেতিবাচক এনার্জী রিভার্স গীয়ারে পেছনের দিকে চলে। নেতিবাচক এনার্জী মানুষের মধ্যে দুর্বলতা, ভীরুতা, হতাশা, নিরাশা, উদাসীনতা, মানসিক চাপ, ভয়, ঘাবড়ানি ভাব, ডিপ্রেশন প্রভৃতির সৃষ্টি করে।

আমাদের সফলতা সম্পূর্ণ রূপে আমাদের যোগ্যতা, অনুশাসন এবং পরিপক্ক চিন্তা শক্তির ওপরে নির্ভর করে।

– মহাত্মা গান্ধী

যতক্ষন না আপনি হারবেন, ততক্ষন পর্যন্ত আপনি জয়ের মজা উপভোগ করতে পারবেন না।

– শামক ডাবর (কোরিয়োগ্রাফার)

দৃঢ় মনোবল আর প্রতিভা রূপ-রঙের মোকাবিলায় অনেক বেশী উঁচু হয়।

– এন্টোন ব্রাউন

সেই জিনিষেরই উৎসব পালন করুন, যেটা আপনি জীবনে সব থেকে বেশী দেখতে চান।

– থমাস জে. পীটর্স

বিশ্বাস করুন যে, আপনি ধনী হতে পারেন। বেশীর ভাগ লোকই বিশ্বাস করে না যে, তার পক্ষে এগুলি করা সম্ভব। যার ফলে তাদের পক্ষে এগুলি করা সম্ভব হয়ে ওঠে না। এর কারণ হল নেতিবাচক এনার্জী... যার জন্য তারা নিজেদের প্রতি বিশ্বাস করতে পারে না। *'আমি বিশ্বাস করি যে, এটা আমার পক্ষে করা সম্ভব!'* – এই ধরণের চিন্তা আপনার ভেতরে উৎসাহ, সাহস, এনার্জী উৎপন্ন করবে... যা আপনাকে ধনী বানাতে সাহায্য করবে।

প্রত্যেক ব্যক্তির ভেতরে ইতিবাচক আর নেতিবাচক এনার্জী থাকে। ইতিবাচক এনার্জীর দ্বারা সাহস, শক্তি, উৎসাহ আর সফলতা পাওয়া সম্ভব। অন্য দিকে নেতিবাচক এনার্জী ভয়, দুর্বলতা, নিরাশা আর ব্যর্থতা প্রদান করে।

কোন কাজ শুরু করার আগে যদি আপনার ভেতরে নেতিবাচক এনার্জী উৎপন্ন হয়, তবে আপনি কখনোই সেই কাজে সফলতা অর্জন করতে পারবেন না। যেমন-তেমন ভাবে সেই কাজ শুরু করলেও সেটা সম্পূর্ণ করা সম্ভব হয় না। নেতিবাচক এনার্জী সেই কাজ সম্পূর্ণ করতে দেয় না। নিজের ভেতরে সর্বদা ইতিবাচক এনার্জী সৃষ্টি করার চেস্টা করুন। কোন অবস্থাতেই নেতিবাচক এনার্জীকে প্রশ্রয় দেবেন না। *'আমি এটা করতে পারব না'* বা *'চেস্টা করে দেখছি, কিন্তু আমার মনে হয় না এটা করা সম্ভব'* – এই ধরণের নেতিবাচক চিন্তা নেতিবাচক এনার্জী উৎপন্ন করে। এই ধরণের চিন্তা ব্যর্থতাকে ডেকে আনে। সর্বদা নিজের ভেতরে ইতিবাচক এনার্জী সৃষ্টি করুন... আপনি সত্যিই সফল হবেন।

মনোচিকিৎসকেরা মনে করেন যে, নেতিবাচক এনার্জীকে শীঘ্রই কন্ট্রোল করা উচিত। সেটাকে নিয়ন্ত্রণ করতে না পারলে গভীর ডিপ্রেশনের সৃষ্টি

হতে পারে... যার কারণে মানুষ খাওয়া-দাওয়া, হাসা-কথা বলা, মেলা-মেশা পর্যন্ত বন্ধ করে দিতে পারে। নেতিবাচক এনার্জী শারীরিক আর মানসিক – দু দিক দিয়েই ক্ষতি করে।

সঞ্জয়ের বাড়ীর লোক চাইত যে, সে ইঞ্জিনিয়ার হোক। কিন্তু সঞ্জয়ের ভেতরে নেতিবাচক এনার্জীর সৃষ্টি হয়ে পড়েছিল। সে সর্বদা ভাবত – *"আমি ইঞ্জিনিয়ার হতে পারব না... আমার মনে হয় না যে, আমি ইঞ্জিনিয়ার হতে পারব... ইঞ্জিনিয়ার হওয়া আমার কম্ম নয়।"* এই ধরণের চিন্তা তাকে ডিপ্রেশনের শিকার করে তোলে। সে খাওয়া-দাওয়া বন্ধ করে দেয়... ঘর থেকে বেরোন বন্ধ করে দেয়। ডাক্তার দেখালে জানতে পারা যায় যে, সঞ্জয়ের ভেতরে নেতিবাচক এনার্জী বৃদ্ধি পাওয়ার কারণে সে ডিপ্রেশনের শিকার হয়ে পড়েছে। ডাক্তারের চিকিৎসাই তাকে ঠিক করতে পেরেছিল।

নেতিবাচক এনার্জী মানুষের এগিয়ে যাওয়ার পথে বাধার সৃষ্টি করে। নিজের ভেতরে এটিকে কখনোই বেড়ে উঠতে দেবেন না। এটিকে যতটা সম্ভব, নিজের থেকে দূরে সরিয়ে দিন... তবেই আপনি আকাশ ছুঁতে পারবেন। আব্রাহাম লিঙ্কন, লক্ষ্মী মিত্তল, আজীম প্রেম জী, বারাক ওবামা, জন জনসন, রিচার্ড ব্রুসন কখনোই নিজেদের ভেতরে নেতিবাচক এনার্জীকে ঠাঁই দেননি। এই কারণেই তাঁরা অভিজ্ঞতা সঞ্চয় করতে পেরেছিলেন। তাঁদের মতনই ইতিবাচক এনার্জী উৎপন্ন করার চেষ্টা করুন... তারপর দেখবেন সফলতা নিজের থেকে আপনার হাতে ধরা দেবে।

পাওয়ার টিপস্ – *'হতে পারে না'*, *'করতে পারব না'*, *'যদি'*, *'তবে'*, *'কিন্তু'*, *'তো'* প্রভৃতি শব্দগুলিকে নিজের জীবন থেকে দূরে সরিয়ে দিন। এগুলি নেতিবাচক এনার্জী সৃষ্টি করতে পারে।

●

40

অপূর্ণ তথ্য

> **অসম্পূর্ণ জ্ঞান অর্থাৎ স্যাণ্ডুইচ জ্ঞান। অসম্পূর্ণ জ্ঞান অর্জন করার পর যদি কোন কাজে হাত দেওয়া হয়, তবে ব্যর্থতা ছাড়া আর কিছুই পাওয়া সম্ভব নয়! স্যাণ্ডুইচ জ্ঞান নিয়ে ধনী হওয়া সম্ভব নয়। কোন বিষয় সম্পর্কে সম্পূর্ণ জ্ঞান অর্জন করার পর, গভীর অধ্যয়ণের পর, বাস্তবিক জ্ঞান অর্জন করার পরই আপনি সেই বিষয়ে জ্ঞানী হতে পারবেন!**

আমি যা জানি না, সেই ব্যাপারে নিজের অজ্ঞানতা স্বীকার করতে আমি এতটুকু লজ্জা বোধ করি না।

– *সিসেরো*

ইচ্ছা সফলতার শুরুর প্রথম বিন্দু। ছোট আগুনের কুণ্ড থেকে যেমন কম গরম পাওয়া যায়, তেমনি দুর্বল ইচ্ছার পরিণাম দুর্বলই হয়।

– *নেপোলিয়ন হিলস্*

কোন ব্যবসা শুরু করার আগে সে সম্পর্কে সম্পূর্ণ জ্ঞান অর্জন করা উচিত। অসম্পূর্ণ জ্ঞান হাতুড়ে হাকিমের মত হয়। তার চিকিৎসা মানুষের সমস্যা কমানোর পরিবর্তে বৃদ্ধি করে। যদি সমস্যা বৃদ্ধি করতে না চান, তবে কোন কাজ শুরু করার আগে সেই ব্যাপারে সম্পূর্ণ জ্ঞান অর্জন করে নিন... তবেই আপনি সফলতা পেতে পারবেন। সফলতার সব চেয়ে বড় মওল্ড হল – যে কাজ করতে চান, সেই কাজ সম্পর্কে সম্পূর্ণ জ্ঞান অর্জন করে নিন।

রাজা কৃষ্ণচন্দ্রের দরবারীরা তেনালীরামকে একেবারেই সহ্য করতে পারতেন না। তাঁরা সর্বদাই রাজা কৃষ্ণচন্দ্রের কাছে তেনালীরামের বিরুদ্ধে বিভিন্ন কথা বলতেন। রাজা কৃষ্ণচন্দ্রের তেনালীরামের ক্ষমতার ওপরে খুবই আস্থা ছিল... তাই তিনি তেনালীরামের নিন্দা এক কান দিয়ে শুনে অন্য কান দিয়ে বার করে দিতেন।

একদিন তেনালীরাম দরবারে উপস্থিত ছিলেন না। তা দেখে দরবারীরা খুবই খুশী হল। দরবারীদের খুশীর কারণ রাজা বুঝতে পারলেন... তাই তিনি বললেন – *"আজ দরবারের মধ্যে যে কোন একজন তেনালীরামের স্থানে কাজ করবেন। কে করবেন, সেটা আপনারা নিজেদের মধ্যেই ঠিক করে নিন।"* সব দরবারীরা মিলে এমন একজনকে নির্বাচন করল, যাকে সকলেই সব চেয়ে বুদ্ধিমান বলে মনে করত। রাজপ্রাসাদের বাইরে থেকে একটা গান-বাজনার আওয়াজ আসছিল। রাজা কৃষ্ণচন্দ্র সেই দরবারীকে এই আওয়াজের কারণ সন্ধান করতে বললেন।

এই কথা শুনে সেই দরবারী খুবই উৎসাহ নিয়ে বাইরে বেরিয়ে গেলেন আর কিছুক্ষন বাদ ফিরে এলেন। তিনি রাজাকে বললেন – *"মহারাজ! বাইরে কোন বরযাত্রীর দল যাচ্ছে।"*

রাজা জিজ্ঞাসা করলেন – *"কার বরযাত্রী যাচ্ছে?"*

দরবারী পুনরায় বাইরে গিয়ে কিছুক্ষণ বাদে ফিরে এসে বললেন – *"মহারাজ! নগরের শেঠের ছেলের বরযাত্রী যাচ্ছে!"*

"কার বাড়ী যাচ্ছে?" রাজার প্রশ্ন শুনে দরবারী মাথা চুলকোতে লাগলেন।

ইতিমধ্যে তেনালীরাম দরবারে এসে উপস্থিত হলেন। রাজা কৃষ্ণচন্দ্র তেনালীরামকে জিজ্ঞাসা করলেন – *"তেনালীরাম! বাইরে কিসের আওয়াজ হচ্ছে?"*

তেনালীরাম বললেন – *"মহারাজ! আমি এক্ষুনি এসে*

বলছি।" কিছুক্ষণ বাদে তেনালীরাম দরবারে ফিরে এলেন।

তিনি রাজাকে জানালেন – *"বাইরে নগরের শেঠ ঘনশ্যাম দাসের ছেলের বরযাত্রী যাচ্ছে। বরযাত্রীর দলে পঞ্চাশ জন আছে। বরযাত্রীর দল পাশের গ্রামে যাচ্ছে। বরের নাম রমেশ।"* তেনালীরাম একবারেই সমস্ত খবর নিয়ে এসে রাজাকে জানিয়ে দিলেন। তেনালীরামের কুশলতা দেখে দরবারের সকলেই অবাক হয়ে উঠল!

রাজা বললেন – *"যে ব্যক্তি যে পদের জন্য উপযুক্ত, তাকে সেই পদই দেওয়া হয়।"* গভীর জ্ঞানের কারণে তেনালীরামকে সেই পদে আসীন রাখা হয়।

শিল্পপতি বনারসী লালের মতে – কোন কাজ শুরু করার আগে সেই ব্যাপারে সম্পূর্ণ জ্ঞান অর্জন করে নিন। আপনার জ্ঞানের ভিত্তিতেই কার্যকে এগিয়ে নিয়ে যান। যদি ব্যর্থতার হাত থেকে বাঁচতে চান... তবে সম্পূর্ণ জ্ঞান অর্জন করার পরই কোন কাজে হাত দিন।

পাওয়ার টিপস্ – সম্পূর্ণ জ্ঞান অর্জন করেই কাজে হাত দিন... অন্যথা কোন কাজ শুরু করবেন না।

41

অলসতা ত্যাগ করুন

বাংলায় প্রচলিত প্রবাদ অনুসারে, অলস ব্যক্তি মৃত ব্যক্তির সমান হয়। আপনি জীবনে নেতা, অভিনেতা, ধনী ব্যক্তি – যাই হতে চান না কেন, তার জন্য সর্বপ্রথম অলসতা ত্যাগ করতে হবে। অলস ব্যক্তি কখনোই সফলতার শিখরে পৌঁছতে পারে না। অলস ব্যক্তি নিজের জীবনের মূল্যবান সময় হেলায় হারায়। যদি ধনী হতে চান, তবে অলসতা দূর করতেই হবে।

কাল ওঠার আশায় শুয়ে থাকা ব্যক্তি আজ কিছুতেই জাগতে পারবে না।

– **অজ্ঞাত**

জীবনে সফল হতে চাইলে অসলতাকে নিজের ধারে-কাছে ঘেঁষতে দেবেন না। অলস ব্যক্তির সাথে পুকুরের সেই বদ্ধ জলের তুলনা করা যেতে পারে... যার মধ্যে অনবরত পাঁক জমতে থাকে। অন্য দিকে প্রবাহমান নদীর জল সর্বদাই নির্মল হয়। আপনি যদি রাত-দিন ঘরের মধ্যেই পড়ে থাকেন, তবে আপনার হাতে-পায়ে জং ধরে যাবে... আপনার চলতে-ফিরতেও কষ্ট হবে। মানুষ রূপী মেশিন যদি কাজ করা বন্ধ করে দেয়, তবে তার কল-কব্জা কাজ করা বন্ধ করে দেবে।

একটা অতি প্রাচীন কাহিনী আছে – কোন এক দেশে এক বৃদ্ধ ব্যক্তি বাস করত। সে খুবই পরিশ্রম করত। ক্ষেতে কাজ করে সে

নিজের দিন কাটাত। তার তিন ছেলে খুবই অলস ছিল... তাদের অলসতার জন্য সেই বৃদ্ধ এবং তার স্ত্রী খুবই বিব্রত ছিল। দুজনেই তাদের ছেলেদের বোঝানোর চেস্টা করত, কিন্তু তারা কিছুতেই আলসেমি ছাড়তে পারছিল না। একদিন বৃদ্ধ কৃষক মারা গেল। বৃদ্ধা তার ছেলেদের ক্ষেতে যেতে বলল... কিন্তু তারা গেল না। যতদিন ঘরে খাবার-দাবার ছিল, বৃদ্ধা খাবার বানিয়ে তাদের খেতে দিত। শেষ পর্যন্ত একদিন ঘরের সব খাবার-দাবার শেষ হয়ে গেল। ঘরে খাবার-দাবার শেষ হওয়ার পর বৃদ্ধা ছেলেদের কাজ-কর্ম করতে বলে... কিন্তু তারা তাও শুনল না।

একদিন সকালে বৃদ্ধা ঘুম থেকে উঠে কাঁদতে শুরু করল। মাকে কাঁদতে দেখে তার ছেলেরা জিজ্ঞাসা করে – *"কি হয়েছে? তুমি কাঁদছো কেন?"*

বৃদ্ধা বলে – *"স্বপ্নে তোমাদের বাবা এসেছিল। সে বলল, যদি তোমরা ক্ষেত থেকে ধন ভর্তি ঘড়া নিয়ে আতে পারো, তবে তোমাদের সব অভাব দূর হতে পারে।"*

ছেলেরা বলল – *"তা এতে কাঁদার কি আছে?"*

বৃদ্ধা বলল – *"আমি তো এই ভেবে কাঁদছি যে, এখন মাটি খুঁড়ে কে ধন বার করবে? অন্য কাউকে বলতেও পারব না, তাই কাঁদছি।"*

বৃদ্ধার কথা শুনে তিন ছেলেই ক্ষেতে গিয়ে মাটি খুঁড়তে লাগল। তিন ছেলেকে একই জায়গা খুঁড়তে দেখে বৃদ্ধা বলল – *"ধন ক্ষেতের যে কোন স্থানে থাকতে পারে... তাই পুরো ক্ষেতটাই ভালো করে খোঁড়।"* সম্পূর্ণ ক্ষেত খোঁড়ার পরেও ধন না পেয়ে ছেলেরা খুবই রেগে উঠল। তখন বৃদ্ধা বলল – *"ঠিক আছে, তোমাদের বাবা স্বপ্নে এলে আমি নালিশ করব। কিন্তু যখন ক্ষেত খোঁড়া হয়েই গেছে,*

তখন বীজ বপন করে দিলেই হয়।"

ছেলেরা বীজ বপন করে দিল। কিছু দিনের মধ্যে ক্ষেত ফসলে পরিপূর্ণ হয়ে উঠল। ফসল কাটার সময় এলে বৃদ্ধা আবার কাঁদতে শুরু করল। ছেলেরা জিজ্ঞাসা করল – *"এবার আবার কি হল?"*

"তোমাদের বাবা স্বপ্নে এসে বলেছে, ফসল কেটে বাজারে বিক্রী করার পরই সে ধনের কথা বলবে।"

ছেলেরা ধন-সম্পত্তি পাওয়ার আশায় ফসল কেটে বাজারে বিক্রী করতে গেল। ফসল বিক্রী করে অর্থ প্রাপ্তি হলে তিন ছেলে খুবই খুশী হয়ে উঠল। সেদিন থেকে তারা অলসতা ত্যাগ করে ক্ষেতে কাজ করতে শুরু করে দিল।

যদি ধনী হতে চান, তবে অলস জীবন যাপন করবেন না। অলসতা দারিদ্রতা, ব্যর্থতা, ধনাঢ্যতার শত্রু হয়! অলসতা দূর করুন আর ধনী হয়ে উঠুন।

পাওয়ার টিপস্ – ধনী হতে হলে অলসতা ত্যাগ করতেই হবে। আলসেমির জন্য জীবনের সৃজনশীল মুহূর্তগুলো নষ্ট হয়ে পড়ে।

42

ভুল স্বীকার করুন

ধনী হতে হলে নিজের ভুল স্বীকার করতে জানতে হবে। ভুল করে ফেললে তা লুকোনোর পরিবর্তে বা অন্য কারো ঘাড়ে চাপিয়ে দেওয়ার পরিবর্তে সেটা স্বীকার করুন এবং ভবিষ্যতে যাতে পুনরায় সেই ভুলের পুনরাবৃত্তি না হয়, সেই চেষ্টা করুন। যদি আপনার মধ্যে ভুল স্বীকার করার মত সাহস থাকে, তবে আপনি ধনী হতে পারবেন।

ভুল করা মানুষের স্বভাবের অঙ্গ হয়।

– ইংরাজী প্রবাদ

আমার পরামর্শ হল, আপনি নিজের মিনিটের দিকে লক্ষ্য রাখুন... ঘন্টা নিজের কাজ নিজেই করে নেবে।

– আর্ল অফ্ চেস্টারফীল্ড

ভুল সবাই করে... ভুল হওয়াটা কোন বড় কথা নয়। ভুল যে কেউ করতে পারে... কিন্তু সকলের মধ্যে ভুল স্বীকার করার সাহস থাকে না। তাই বেশীর ভাগ লোকই নিজেদের ভুল লুকিয়ে রাখার চেষ্টা করে। যে ব্যক্তি ভুল স্বীকার করার পরিবর্তে সেটাকে লুকোনোর চেষ্টা করে, সে ভবিষ্যতে আরও বড় ভুল করে। ভুলের-পর-ভুল করার কারণে তার মনোবলও নষ্ট হয়ে যায়। এই ভুলের কারণেই সফলতা বহু দূর চলে যায় আর সেই ব্যক্তি কখনোই ধনী হতে পারে না। ভুল করলে

সেটা স্বীকার করুন এবং সেটাকে বিশ্লেষণ করার চেষ্টা করুন। আত্মবিশ্লেষণ না করলে ভুলের-পর-ভুল হতেই থাকে। কেন ভুল হয়েছে ? কি ভাবে ভুল হয়েছে ? সেই অভাবগুলোকে দূর করার চেষ্টা করুন। নিজের ভুল থেকে শিক্ষা নিন। ভবিষ্যতে যেন পুনরায় সেই ভুলের পুনরাবৃত্তি না হয়, সেই দিকে দৃষ্টি দিন।

এমন কোন ব্যক্তি পাওয়া যাবে না, যে জীবনে কোন ভুল করেনি। গান্ধী জী-র মত মানুষও ভুল করেছিলেন এবং তিনি নিজের ভুল স্বীকারও করেছিলেন। ভুল স্বীকার করলে তার থেকে কিছু শেখা যায়। মহান এ্যালবার্ট হবার্ড একবার বলেছিলেন – সেই ব্যক্তিই ব্যর্থ হয়, যে ভুল করলেও নিজের অভিজ্ঞতা থেকে কিছুই শিখতে পারে না। বুকরের মতে – জীবনে আমরা কি পেলাম, তার দ্বারা সফলতা মাপার পরিবর্তে ভুল থেকে আমরা কি শিখেছি, সেটার দ্বারাই মাপা উচিত।

খেলোয়াড়রা ভুল থেকেই শিক্ষা গ্রহণ করে। যে নিজের ভুল বুঝতে পারে আর ভবিষ্যতে সেই ভুল করে না, সেই-ই হচ্ছে প্রকৃত খেলোয়ার।

এক রিয়ালিটি শো-তে একটা মেয়ে পারফর্ম করতে গেছিল। রেজাল্ট শুনে সে খুবই রেগে যায়। সে দ্বিতীয় হয়েছিল... তার মতে নির্ণায়কদের সিদ্ধান্ত ভুল ছিল। সে এ্যাওয়ার্ড পর্যন্ত নেয়নি। সময় কাটতে থাকে। একদিন সে নিজের ভুল স্বীকার করে বলেছিল যে, সেদিন তার পারফর্ম অন্য দিনের তুলনায় খারাপ ছিল। তার সেদিনের ব্যবহারের জন্য সে ক্ষমাও চায়। সে নিজের ভুল স্বীকার করেছিল। সেই মেয়েটার নাম ছিল রাখী সাবন্ত। রাখী সাবন্ত নিজের ভুল স্বীকার করে

লক্ষাধিক লোকেদের মন জয় করতে পেরেছিল।

- ভুল থেকে শিক্ষা নিন। ভবিষ্যতে আর কখনো সেই ভুল করবেন না।
- ভুল স্বীকার করে সেটার বিশ্লেষণ করুন।
- ভুল স্বীকার করলে, ভুলের পরিমান কমতে থাকে।
- মনে ভুলের বোঝা চাপিয়ে রাখবেন না।
- ভুল যে কেউ করতে পারে... সেটা স্বীকার করুন।

নিজের ভুল স্বীকার করে তার থেকে শিক্ষা গ্রহণ করতে পারেন। আমরা অপরের ভুল থেকে যে কিছু শিখতে পারি না, এমনও নয়। অপরর ভুল থেকে শিক্ষা পাওয়া বিশাল ব্যাপার। অপরের ভুল থেকে শিক্ষা নিয়ে লক্ষ্মী মিত্তল আজ এত বড় এম্পায়র দাঁড় করিয়েছেন। লক্ষ্মী মিত্তল এক বন্ধ হয়ে পড়া স্টীল কোম্পানী কিনে তাদের ভুলগুলোর বিশ্লেষণ করেছিলেন আর সেগুলো দূর করেন। সেই বন্ধ কোম্পানী চালিয়ে উনি প্রচুর লাভ করে। দেখতে-দেখতে লক্ষ্মী মিত্তল ধনীদের তালিকায় নিজের স্হান করে নেন। আপনিও নিজের ভুল স্বীকার করে সেটা দূর করে ধনী হতে পারেন।

পাওয়ার টিপস্ ঃ ভুলের থেকে বহু কিছু শেখা যায়।

43

যুগের সাথে তাল মিলিয়ে চলুন

ধনী হতে চাইলে সময়ের সঙ্গে চলতে হবে। সময়ের সাথে চলেই আপনি ধনী হতে পারেন। বৈজ্ঞানিক যুগে অতীতকে আঁকড়ে থাকার অর্থ আত্মঘাতী হওয়া। পুরোন কার্য পদ্ধতি বা পুরোন মেশিনে পরিবর্তন আনুন। নতুন কার্য পদ্ধতি আর নতুন মেশিনের দ্বারা আপনার কাজ অতি দ্রুত এগিয়ে যেতে পারেবে এবং আপনি অতি শীঘ্র ধনী হতে পারবেন।

অনেক কম লোকের মধ্যেই ক্ষমতার অভাব থাকে... কিন্তু তাদের ব্যর্থতার কারণ হল তারা নিজেদের ক্ষমতার সদ্ব্যবহার করে না।

– কেলভিন কুলিজ

নিজের সফলতার পরিবর্তে আমি নিজের ব্যর্থতা থেকে বেশী শিক্ষা গ্রহণ করেছি!

– স্যার হাম্‌ফ্রী ডেভী

কখনো কারো হার, কখনো কারো জয়... এটাই হচ্ছে জীবনের নীতি।

– প্রবাদ

পুরাতন ছাঁচে পরিবর্তন এনে তা নতুন করে গড়ে তোলা সম্ভব... বাঁধাধরা কাজে উৎকৃষ্টতা এনে এগিয়ে যাওয়া সম্ভব। পান পরাগ পান মশলা কোম্পানীর মালিক প্রথম দিকে পান মশলা তৈরী করে লোকেদের বাড়ী-বাড়ী গিয়ে বিক্রী করতেন। তিনি প্রচুর পরিশ্রম করতেন। তিনি

লাভও করতেন। তিনি একদিন ভাবলেন যে, যদি পান মশলা পাউচে বিক্রী করা যায়, তবে জনপ্রিয়তা পাওয়া যেতে পারে। তাঁর এই আইডিয়া কার্যকরী বলে প্রমাণিত হয়। পুরোন কাজেই সামান্য পরিবর্তন খুবই কার্যকরী বলে প্রমাণিত হয়। পঞ্চাশ পয়সা বা এক টাকা মূল্যের পান পরাগের পাউচ সারা দেশে ছেয়ে যায়। ম্যাকেনের মতে – বেশীর ভাগ লোক গতানুগতিক রাস্তায় চলে সফলতা অর্জন করতে চায়... কিন্তু এমনটা করা খুবই মুশ্কিল। সময়ের সাথে-সাথে তাতে পরিবর্তন নিয়ে আসা প্রয়োজন।

এম.ডি.এইচ. মশলা কোম্পানীর মালিকও মশলা তৈরী করে লোকেদের বাড়ী-বাড়ী গিয়ে বিক্রী করতেন। লেকেরা কোন রকম পরিশ্রম না করেই ঘরে বসে পেষা মশলা পেয়ে যেত। তাদের চাহিদা বৃদ্ধি পেতে থাকে। চাহিদা বৃদ্ধির কারণে তিনি গ্রাহকদের বাড়ীতে ঠিক সময় মাল পৌঁছে দিতে পারতেন না। তিনি তখন মশলার ছোট-ছোট প্যাকেট বানিয়ে সেগুলো দোকানে সাপ্লাইয়ের কথা ভাবেন... যাতে লোকেরা কোন রকম সমস্যা ছাড়াই শুদ্ধ মশলা পেতে পারে। দেখতে-দেখতে একটা ঘরোয়া ব্যবসা কোম্পানীতে পরিবর্তিত হয়।

জাভেদ হবীবের বাবার দিল্লীতে একটা ছোট্ট সেলুন ছিল। জাভেদ সেটায় পরিবর্তন নিয়ে আসেন। তাঁদের বংশানুক্রমিক কাজকেই তিনি নতুন পদ্ধতিতে পেশ করেন। সেলুনের পরিবর্তে হবীব হেয়ার স্টাইলিস্ট হয়ে ওঠেন। আজ সারা বিশ্ব জুড়ে জাভেদ হবীবের চাহিদা রয়েছে। ফিল্ম স্টার থেকে শুরু করে কর্পোরেট জগতের লোকেরা পর্যন্ত তাঁর কাছে আসেন নিজেদের চুলের স্টাইল *(কাটিং)* করানোর জন্য।

নেপোলিয়নের মতে – সময় কখনই দাঁড়িয়ে থাকে না! সেটাকে জয় করার জন্য সর্বদা তার সাথে-সাথে চলতে হয়... তবেই গন্তব্যে উপনীত

হওয়া যায়। বর্তমান যুগ হচ্ছে কম্প্যুটারের যুগ। পৃথিবী যে গতিতে উন্নতি করছে, আপনাকেও সেই গতিতেই চলতে হবে – তা না হলে আপনি বহু দূর পেছিয়ে পরবেন। পুরোন গতানুগতিকে রাস্তায় চলে আজ পর্যন্ত কেউ ধনী হতে পারেনি। সময়ের সাথে-সাথে প্রতিটি মানুষকে বদলাতে হবে। স্যার ইয়ান মডোকের মতে – পুরাতন ঐতিহ্য, পুরাতন বাড়ী, প্রচীন সংস্কৃতি এবং জীবন শৈলীর কদর করা উচিত। সেগুলিকে মনে সাজিয়ে রাখা উচিত। কিন্তু টেক্নোলোজি আর ম্যানেজমেন্টের পৃথিবীতে প্রচীন বিধি, প্রচীন উৎপাদন লাইন, প্রচীন বাজার আর প্রচীন মানসিকতা আঁকড়ে থাকাটা আত্মহত্যার সমান।

আপনি যদি প্রচীন গতানুগতিক কার্যপদ্ধতি গ্রহণ করে ধনী হতে চান, তবে আপনি কখনোই ধনী হতে পারবেন না। তার জন্য আপনাকে নিজের কাজে সামান্য পরিবর্তন নিয়ে আসতে হবে। তাতে মোডিফিকেশন করুন। নতুন কিছু করুন... পপ কর্ন বিক্রী করওে কোটিপতি হওয়া যায়। মাল্টিপ্লেক্স সিনেমা হলে সব থেকে দামী আইটেম হল পপ কর্ন। নিজের চিন্তায় পরিবর্তন আনুন এবং পুরোন কাজে নতুনত্ব নিয়ে আসুন। তারপর আপনি ধনী ব্যক্তিদের তালিকায় নিজের স্হান করে নিতে পারবেন।

পাওয়ার টিপস্ – কোন কাজই ছোট বা বড় হয় না। জুতো বিক্রী করে বাটা কোম্পানী কোটি-কোটি টাকা উপার্জন করেছে... সব্জী বিক্রী করে রিলায়েন্স ফ্রেশ কোটি-কোটি টাকা ইন্কাম করেছে।

●

44

সফল লোকেদের ব্যাপারে পড়ুন

যদি জীবনে কিছু পেতে চান... সফল হতে চান... ধনী হতে চান, তবে সফল আর সার্থক ব্যক্তিদের সম্পর্কে পড়ুন। সফল লোকেদের জীবন শৈলী, তাঁদের পরিশ্রম, সাহস, সংঘর্ষ, সফলতার ঘটনা পড়ে প্রেরণা, সাহস আর পথ প্রাপ্ত করা যায়। ধনী ব্যক্তিদের সম্পর্কে পড়লে তবেই আপনি ধনী হতে পারবেন!

যে বই আমাদের সব চেয়ে বেশী চিন্তা করতে বাধ্য করে... সেই বই সব চেয়ে বড় সহায়ক হয়।

– ওডোর পার্কার

বই-য়ের থেকে ভালো পথ আর কেউ দেখাতে পারে না। কারণ বই-য়ের মাধ্যমেই মহান লোকেদের সফলতার কথা জানা যায়।

– ডেভিড জে. শ্বার্টজ

কিছু বই শুধুমাত্র চেখে দেখতে হয়, অন্যগুলি গিলে ফেলতে হয় আর এমন কিছু বই আছে, যেগুলি চেবাতে হয় আর সেগুলি পরিপাক যোগ্য হয়।

– বেকন

জীবনে এগিয়ে যাওয়ার জন্য বই পড়া খুবই প্রয়োজন। বই-য়ের মাধ্যমে জ্ঞান বৃদ্ধি পায়! বুদ্ধি, বিচারধারা আর আত্মবিশ্বাস উন্নত হয়।

বইকে জ্ঞানের ভাণ্ডার বলা যেতে পারে। কিন্তু সব চেয়ে দুঃখের কথা হল এই যে, ভারতবর্ষে কেবলমাত্র 5 শতাংশ লোকই বই পড়েন। হয়তো এই কারণেই ভারতে ধনীর সংখ্যাও সব চেয়ে কম। আজীম প্রেম জী-র মতে, আজ পৃথিবী যে রকম দ্রুত গতিতে উন্নতি করছে, আপনি যদি সেই রকম দ্রুত গতিতে জ্ঞান অর্জন না করেন... তবে আপনি পেছিয়ে পড়বেন। জ্ঞান অর্জনের জন্য ভালো বই পড়াটা খুবই জরুরী হয়। বই জ্ঞান প্রদান করার সাথে-সাথে পথও প্রদর্শন করে। বেশীর ভাগ যুবকেরা এমনটা বলে যে, বই পড়া মানে মাথাব্যথা ডেকে আনা। বাবা-মা তাদের বাচ্চাদের বই পড়তে বাধা দেন। তাদের মতে, স্কুলের বই পড়া উচিত। কিন্তু শুধুমাত্র স্কুলের বই-ই যথেস্ট হয় না... অন্যান্য বই-ও সাধারণ জ্ঞান বৃদ্ধি করে। বিভিন্ন কম্পিটিশনে যে সমস্ত ছেলে-মেয়েরা ব্যর্থ হয়, তাদের সাধারণ জ্ঞান খুবই কম থাকে... কারণ তারা পাঠ্যক্রমের বই ছাড়া অন্য বই পড়তেই চায় না।

বই না থাকলে আজ পৃথিবীর কাছে জ্ঞানের ভাণ্ডার থাকত কি ? প্রচীন কালে বড়-বড় গ্রন্থ লেখা হয়েছিল... মানুষ আজও সেগুলোর লাভ ওঠাচ্ছে। বই-য়ের মাধ্যমে দীর্ঘ সময়ের জন্য জ্ঞান জমিয়ে রাখা যায়। কাছে বই থাকলে তা একবারের পরিবর্তে বহু বার পড়েও বোঝার চেস্টা করা যায়। সব রকম বই পড়া উচিত। সেই সব জ্ঞান মস্তিস্কে সঞ্চয় করে রাখুন। ভবিষ্যতে তার প্রয়োজন হলে আপনি সেটার সদ্ব্যবহার করতে পারবেন। মার্ক টপরের মতে – আজকের দিনের জন্য বা সব সময়ের জন্য সব চেয়ে বড় বন্ধু এবং পথ প্রদর্শক হচ্ছে বই... যা আপনাকে সফলতার চূড়োয়

নিয়ে যেতে পারে। সম্পূর্ণ পৃথিবী যে ভাবে দ্রুত গতিতে বদলাচ্ছে, সেটা শুধুমাত্র বই-য়ের জন্যই সম্ভব হচ্ছে।

যদি ধনী হতে চান, তবে ধনী ব্যক্তিদের জীবনী... তাঁদের সফলতার কাহিনী... তাঁদের অভিজ্ঞতা সম্পর্কে পড়ুন। সফল লোকেদের জীবনী পড়ে সফলতা প্রাপ্ত করা খুবই সহজ। সেটা আপনাকে এগিয়ে যাওয়ার প্রেরণা দেবে। কতটা পরিশ্রম করলে কোন ব্যক্তি সফল হতে পারেন, সেটা তাঁদের জীবনী পড়লে জানা যায়। ভারতের প্রাক্তন রাষ্ট্রপতি ডাঃ এ. পি. জে. আব্দুল কালাম শৈশবে পেপার বিক্রী করতেন! তাঁর জীবনী পড়লে প্রচুর প্রেরণা পাওয়া যায়। জীবনে সফলতা পেতে হলে যে কোন কাজ দিয়ে জীবন শুরু করতে পারেন। কোন কাজই ছোট বা বড় হয় না। দর্শন শাস্ত্র, সমাজ শাস্ত্র, যুক্তি শাস্ত্র, বৌদ্ধিক শাস্ত্র আর সাধারণ জ্ঞান প্রভৃতি সমস্ত বিষয়েই বই পাওয়া যায়। কার জীবনী আপনার জীবনের মোড় ঘুরিয়ে দিতে পারে, সেটা কেউ জানে না! হয়তো এর মাধ্যমেই আপনি কুবেরের ধনের মালিক হতে পারবেন।

- বই উন্নতি, সফলতা আর আত্মবিশ্বাস প্রদান করে।
- জীবনকে উপযোগী করতে হলে বই-য়ের সাথে বন্ধুত্ব করুন।
- পুস্তক প্রেমীরাই সব থেকে বেশী ধনী আর সুখী হতে পারে।

●

45

ধৈর্য্যবান হোন

বিশ্ব বিখ্যাত কার নির্মাতা হেনরী ফোর্ডের মতে – আমার সফলতার রহস্য হল ধৈর্য্য এবং বিশ্বাস। যার কাছে ধৈর্য্য নেই, তাকে মুর্খ বলেই ধরে নেওয়া হয়। তাই কোন কাজেরই তাৎক্ষনিক পরিণাম আশা করবেন না। ধৈর্য্য এবং বিশ্বাস দ্বারা অসম্ভব কাজকেও সম্ভব করে তোলা যায়। এই কথার অর্থ হল, ধনী হওয়ার জন্য আপনার ভেতরে ধৈর্য্য থাকাটা খুবই জরুরী। ধৈর্য্যের পরিণাম সফলতার রূপে পাওয়া যায়। ধৈর্য্য এমন এক গুণ, যা ধনী হতে সাহায্য করে।

যার কাছে ধৈর্য্য নেই, সে সব চেয়ে বড় দরিদ্র। আজ পর্যন্ত কোন ঘা ধৈর্য্য ছাড়া ঠিক হয়েছে কি ?

– শেক্সপীয়র

একাগ্রতার দ্বারা জয় পাওয়া যায়।

– চার্লস বক্সটন

যার ধৈর্য্য নেই, সে মূর্খের তুল্য।

– প্রবাদ

সময় সর্বদা এক রকম থাকে না, তা বদলাতে থাকে। প্রত্যেক রাতের পর সকালের কিরণ পৃথিবীকে অবশ্যই স্পর্শ করে। কোন কাজে যদি সফলতা না পান, তবে ধৈর্য্য ধরুন। সময় অনুকূল হওয়ার জন্য

অপেক্ষা করুন। কারখানার ইউনিয়ন মীটিং চলছিল। শেঠ নেমীচন্দ মজদুরদের প্রতিনিধির সাথে কথা বলছিলেন। মজদুরদের প্রতিনিধি শেঠ জী-র সামনে যা মুখে আসছিল, তাই বলে চলেছিল। শেঠ নেমীচন্দ সেই প্রতিনিধির কথা সহ্য করতে না পেরে তার সাথে ঝগড়া করতে শুরু করে দেন। প্রতিনিধি রেগে ওঠে। সে শেঠ জী-র ঘর থেকে বেরিয়ে হড়তাল চালিয়ে যাওয়ার কথা ঘোষণা করে... বিষয়টা আরও বিগড়ে যায়।

শেঠ খেমীচন্দের কারখানায় একদিন মজদুরার হড়াতাল করে। শেঠ খেমচন্দ ইউনিয়নের লীডারকে নিজের কাছে ডেকে তাদের দাবীর কথা জিজ্ঞাসা করেন। ইউনিয়ানের লীডার মজদুরদের চাহিদার কথা বলে দেয়।

শেঠ খেমচন্দ বলেন – যতক্ষন না হড়তাল উঠছে, ততক্ষন তাদের দাবী নিয়ে বিচার-বিবেচনা করা হবে না। ইউনিয়ন লীডার হড়তাল চালিয়ে যাওয়ার ধমকী দিলে শেঠ খেমচন্দ ধৈর্য্যের সাথে বলেন – *“প্রথমে মজদুরদের কাজে পাঠাও। তারপর আমরা কথাবার্তা বলে নেব।”* কোন রকম সমস্যা না করেই মজদুররা কাজ করতে শুরু করে।

ধৈর্য্যের সাথে কাজ করলে তার পরিণাম ভালোই হয়। ধৈর্য্যের দ্বারা অনেক বড়-বড় সমস্যারও সমাধান করা যায়। ধৈর্যহীন ব্যক্তিরা কথায়-কথায় চিৎকার করে, সামনের লোকেদের ওপরে রাগ দেখায়, অপশব্দের প্রয়োগ করে। একটা প্রবাদবাক্য অনুসারে বলা যায় – সফল আর অসফল ব্যক্তির মধ্যে একটাই পার্থক্য থাকে – একজন ধৈর্য্যবান হন আর অন্যজন ধৈর্যহীন!

সফলতার ফর্মূলার সব চেয়ে গুরুত্বপূর্ণ তত্ত্ব হল এই যে, আপনি কতটা ধৈর্য্যবান। পিজ্জা চেন ডমিনোজ শুরু করার পর টম মোনাহনের লক্ষ টাকার ওপরে দেনা হয়ে গেছিল। ব্যাঙ্ক তার কোম্পানীও কেড়ে

নিয়েছিল। টম পথে বসে যান। তা সত্ত্বেও তিনি ধৈর্য্য হারাননি... তাঁর মনে বিশ্বাস অটুট ছিল। তাঁর কোম্পানীও তিনি শেষে ফিরে পান।

ব্যাঙ্ক টমের কোম্পানী চালানোর মতন কাউকে খুঁজে পায়নি... সেই কারণে ব্যাঙ্ক তা ফেরত দিয়ে লোন পরিশোধ করতে বলে। টম অত্যন্ত ধৈর্য্যের সাথে কোম্পানী বাঁচানোর জন্য নতুন ভাবে কাজ শুরু করেন। শেষ পর্যন্ত তিনি সফলতা লাভ করেত। কয়েক বছরের মধ্যেই তিনি ব্যাঙ্কের সমস্ত দেনা শোধ করে দেন এবং নিজের কোম্পানীকে এক লাভবান কোম্পানীর রূপে দাঁড় করিয়ে দেন। এই সবই টমের অশেষ ধৈর্য্যের ফল ছিল। টমের মতে – তিনি যদি সেই সময় ধৈর্য্য না ধরতেন, তবে আজ কোম্পানী পুনরায় স্হাপন করা মুশ্কিল হয়ে পড়ত।

সফল হতে হলে ধৈর্য্যবান হোন্। ধৈর্য্যবান ব্যক্তি যে কোন কাজ করার আগে চিন্তা-ভাবনা করে। ধৈর্য্যবান ব্যক্তি যে কোন সমস্যার গভীরে পৌঁছে তার সমাধান খুঁজে বার করার চেস্টা করে। তারা সব সময় যে কোন কাজ চিন্তা-ভাবনা করেই করে। কাজ করার সময় তারা নিজেদের ধৈর্য্য হারায় না। যদি ধনী হতে চান, তবে সবার আগে আপনাকে ধৈর্য্যবান হতে হবে। তবেই আপনি ধনী হতে পারবেন।

পাওয়ার টিপ্স – সফলতার অপর নাম হচ্ছে ধৈর্য্য।

46

ভোলার অভ্যাস

কোন কাজ বা কোন কথা ভুলে যাওয়ার অভ্যাস খুবই খারাপ অভ্যাস। যারা ভুলে যায়, তারা সর্বদা পেছিয়ে থাকে। তারা কখনোই ধনীদের তালিকায় নিজেদের জায়গা করে নিতে পারে না। যদি ধনীদের তালিকায় নিজের নাম অর্ন্তভুক্ত করতে চান, তবে ভোলার অভ্যাস ত্যাগ করুন।

আত্মবিশ্বাস হচ্ছে সেই পুঁজি, যা অসম্ভবকেও সম্ভব করে তুলতে পারে।

– ইরীনা বরার (প্রসিদ্ধ গোল্ফার)

জীবনে এগোতে হলে ভোলার অভ্যাস ত্যাগ করতে হবে। লোকেদের নাম ভুলে যাওয়া, কাজ ভুলে যাওয়া, জিনিষ-পত্র আনতে ভুলে যাওয়া, জিনিষ-পত্র নিতে ভুলে যাওয়া, কাকে কি বলতে হবে তা ভুলে যাওয়া, আজকের প্রোগ্রাম কি তা ভুলে যাওয়া, কার সাথে মীটিং আছে তা ভুলে যাওয়া, কোথায় ডিনারে যেতে হবে তা ভুলে যাওয়া, কাকে মাল পাঠাতে হবে তা ভুলে যাওয়া, কাকে ফোন করতে হবে তা ভুলে যাওয়া প্রভৃতি বহু ছোট-বড় বিষয় আছে, যেগুলো লোকেরা প্রায়ই ভুলে যায়। যে সমস্ত ব্যক্তিরা ভুলে যায়, তারা কখনোই উন্নতি করতে পারে না। মনোবৈজ্ঞানিকদের মতে – ভুলে যাওয়া এক বিরাট বড় দুর্বলতা হয়... এক খারাপ অভ্যাস হয়... এক অসুখ হয়। জীবনে সফলতা

পেতে হলে এর থেকে দূরে থাকতে হবে।

রাজা এক বিরাট ব্যবসা শুরু করেছিল। সে ভালো অর্ডারও পায়। কিন্তু রাজা ছিল ভুলো মনের মানুষ। যার ফলে সে নিজের কাজ ভালো করে জমাতে পারেনি। যখন কোন অর্ডার পেত, সে সময় মত মাল পৌঁছাতে পারত না। টেলিফোনে যে অর্ডার নিত, সেই অর্ডার পাঠাতে ভুলে যেত। কতটা মাল তৈরী করতে হবে, তা কারিগরদের বলতে ভুলে যেত। কাউকে কোন্ সময় দিয়েছে, তাও ভুলে যেত। কোন পার্টির সাথে ডিনারের কথা আছে আর অর্ডার সম্পর্কে ডিস্‌কাসন করার আছে, তাও সে ভুলে যেত। কারো সাথে বিশেষ কোন মীটিং থাকলে রাজা সেটাও ভুলে যেত।

শুধু ব্যবসার কাজই নয়... রাজা নিজের বাড়ীর কাজ করতেও ভুলে যেত। যার ফলে তার স্ত্রী খুবই সমস্যায় পড়েছিল। তার স্ত্রী রাজার অভ্যাস পরিবর্তন করার জন্য বহু চেস্টা করেছি... কিন্তু রাজা নিজের অভ্যাস ত্যাগ করতে পারেনি।

এই ভুলে যাওয়ার অভ্যাসের জন্য রাজাকে বহু সমস্যার মুখে পড়তে হয়। তাকে নিজের কোম্পানী বন্ধ করে দিতে হয়। শুধু তাই নয়, তার স্ত্রী-ও তাকে ছেড়ে বাপের বাড়ী চলে যায়। সে সেখান থেকে বিবাহ বিচেছদের নোটিশ পাঠিয়ে দেয়। এখন আপনারা নিশ্চয়ই বুঝতে পারছেন যে, ভোলার অভ্যাস কতটা মারাত্মক হয়। রাজার মতন এমন বহু লোক আছে, যাদের ভোলার অভ্যাস আছে। তারা নিজেদের ব্যর্থতার জন্য নিজেদের ভাগ্যকে দায়ী করে।

ফ্রান্সের সম্রাট নেপোলিয়নের ভাইপো তৃতীয় নেপোলিয়নের স্মরণশক্তি

সম্পর্কে বলা হয়, তিনি তাঁর রাজ্যের প্রত্যেক স্ত্রী-পুরুষের নাম জানতেন। এই কারণে তিনি রাজ্যে খুবই জনপ্রিয় ছিলেন। রবার্ট জে. বলেছেন – বেশীর ভাগ ব্যক্তি তাদের লক্ষ্যে এজন্য উপনীত হতে পারে না... কারণ কি করতে হবে, তা তারা নিজেরাই ভুলে যায়। দরকারী কাজ যদি আমরা নিজেরাই ভুলে যাই, তাহলে আমরা সফলতা কি করে আশা করতে পারি? রিচার্ড স্যাণ্ডার্স বলেছেন – ভুলো মনের লোকেরা কখনোই কোন কাজে নিপুণ হয় না।

ভুলে যাওয়া হারের প্রতীক। যাদের স্মরণশক্তি ভালো হয়, তারাই জয়লাভ করে। দাবা খেলায় জিততে হলেও স্মরণশক্তি ভালো থাকা প্রয়োজন। ভুলো মনের ব্যক্তিরা কৃতকার্য হতে পারে না... তারা ঠিক বেকান ঠিকানাহীন খামের মত হয়। তারা যেখানে-সেখানে ঘুরে বেড়ায়। সফলতা পাওয়ার জন্য আপনি কতটা কাজ করেন, সেটা গুরুত্বপূর্ণ নয়... বরং আপনার স্মরণশক্তি কতটা ভালো, সেটা খুবই গুরুত্বপূর্ণ হয়ে দাঁড়ায়। যদি আপনার ভুলে যাওয়ার অভ্যাস থাকে, তবে সেটাকে যত শীঘ্র সম্ভব বদলে ফেলুন... কারণ ধনী হওয়ার পথে ভুলে যাওয়ার অভ্যাস এক বিরাট বাধা হয়।

পাওয়ার টিপ্‌স – ভুলের অভ্যাস খুবই খারাপ অভ্যাস... এটাকে দূর করার চেস্টা করুন।

47

জোর লাগান

কোন কাজ সম্পূর্ণ করার জন্য নিজেকে প্রস্তুত করার মধ্যে খারাপ কিছু নেই। কোন ধনী ব্যক্তি নিজের কাজ সম্পূর্ণ করতে কখনোই ইতস্তত করে না! এটাই তাদের বিশেষত্ব হয়। যে নিজেকে প্রস্তুত করতে ইতস্তত করে, সে কখনোই ধনী হতে পারে না।

শুধুমাত্র নিষ্কর্মা ব্যক্তিরাই ভাগ্যকে দোষারোপ করে এবং তাদের কাছে নালিশ জানানোর জন্য অনেক কিছু থাকে।

– জওহরলাল নেহরু

কোন সভ্য পোশাক মানুষকে যতটা চমক দান করে, সদ্‌গুণও মানুষকে ততটাই চমকিত করে তোলে।

– ডিকেন্স

সদ্‌গুণ সুস্থতা আর গুণহীনতা অসুস্থতা হয়।

– পেট্রাক

আপনি নিজেকে কি ভাবে প্রস্তুত করছেন, তার ওপরে আপনার সফলতা-ব্যর্থতা নির্ভর করে। কোন কাজ সম্পূর্ণ করার জন্য আপনি সাহায্য করেন কি? আপনি কি কাজ করতে ভালোবাসেন? আপনি নিজের কর্মচারীদের কাজ সম্পূর্ণ করার ব্যাপারে সহযোগিতা করেন কি? এই সমস্ত প্রশ্নের উত্তর যদি 'হ্যাঁ' হয়, তবে আপনি যে কোন কাজে

সফলতা অর্জন করবেন।

একদিন রাজা দেবচন্দ নিজের রাজ্য পরিভ্রমণে বেড়িয়েছিলেন। তাঁর সাথে ছিল এক বিশাল সৈন্যদল। কিছু সৈন্য ছিল রাজার আগে আর কিছু সৈন্য ছিল রাজার পেছনে। রাজা দেবচন্দ দেখেন যে, এক কৃষকের গরুর গাড়ী কাদার মধ্যে আটকে আছে। বুড়ো কৃষক সেটা বার করার জন্য খুবই চেষ্টা করছিল। কিন্তু সে বার-বারই ব্যর্থ হচ্ছিল। রাজার সৈন্যরাও তা দেখে, কিন্তু তারা নিজেদের পথে এগিয়ে যায়। রাজা দেবচন্দের রথ সেখান দিয়ে যাওয়ার সময় তিনি তা দেখেন এবং নিজের সারথিকে রথ দাঁড় করানোর আদেশ দেন।

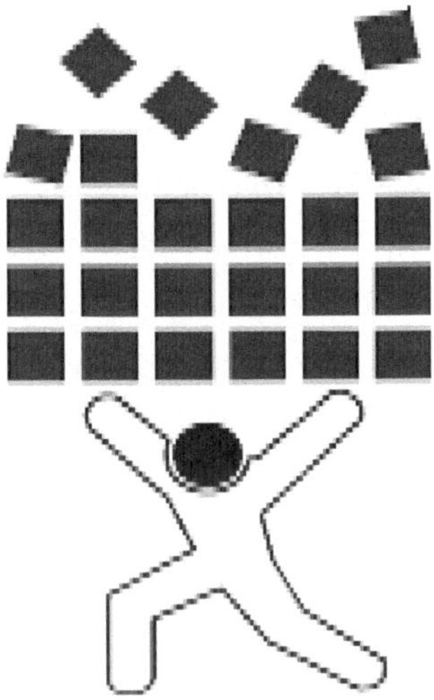

রাজা রথ থেকে নেমে সেই কৃষককে সহায়তা করেন... যার ফলে গরুর গাড়ী কাদা থেকে উঠে আসে। এই ঘটনা দেখে রাজার সৈন্যরা অবাক হয়ে যায়। রাজা দেবচন্দ নিজের সৈন্যদের বলেন – "কেউ *সমস্যায় পড়লে তাকে সাহায্য করাটা খুবই ভালো কাজ।"* এই রকম একটা ঘটনা আমার মনে পড়ছে। এক স্হানে কিছু সৈন্য এক বিরাট পাথর সরানোর চেষ্টা করছিল। তাদের পাশে একজন সার্জেন্ট দাঁড়িয়ে হুকুম চালাচ্ছিল। ইতিমধ্যে এক ব্যক্তি ঘোড়ায় চেপে আসছিল। সে দেখে যে, সৈন্যরা যদি আরেকজনের সাহায্য পেয়ে যায়, তবে তারা সেই পাথর সরাতে সক্ষম হবে।

সেই ব্যক্তি ঘোড়া থেকে নেমে সৈন্যদের সাহায্য করে এবং পাথর সেখান থেকে সরাতে সক্ষম হয়। পাথর সরানোর পর সেই ব্যক্তি সার্জেন্টকে জিজ্ঞাসা করে – *"তুমি দাঁড়িয়ে ছিলে কেন? তুমিও তো সাহায্য করতে পারতে।"*

সার্জেন্ট বলে – *"আমি এদের সার্জেন্ট। আমার কাজ এদের অর্ডার দেওয়া, কাজ করা নয়।"*

সেই ব্যক্তি সৈন্যদের বলে – *"তোমরা মন দিয়ে কাজ কর। যদি*

কখনো প্রয়োজন হয়, জেনারেলকে স্মরণ করো।" এই বলে জেনারেল সেখান থেকে চলে যায়। এই কাজে সাহায্য করে জেনারেল কোন ভুল করেনি। তাতে তার সম্মান কমে গেছিল, এমনও নয়। অর্থাৎ যদি কখনো কারো সাহায্যের প্রয়োজন হয়, নিঃসংকোচে তাকে সাহায্য করুন। কাঁধে কাঁধ মেলানো খুব ভালো স্বভাব। এতে আপনার জীবন আরও সমৃদ্ধশালী হয়ে উঠবে।

আদেশ দিয়ে কাজ করানো উচিত... কিন্তু যদি প্রয়োজন হয়, তবে সাহায্য করতেও পেছপা হবেন না। কখনও কাজ শুরু করার সময় সাহায্য করতে হয়, তো কখনও মাঝপথে সাহায্যের প্রয়োজন হয়... আবার কখনও বার-বারই সাহায্যের প্রয়োজন হতে পারে। যে ব্যক্তি অন্যের সাহায্য করতে পেছপা হয় না, সেই-ই সফলতার ইমারত গড়ে তুলতে পারে।

কোথাও গরুর গাড়ী আটকে পড়লে সাহায্য করলেই তা মুক্তি পায়। আটকে যাওয়া গরু কখনোই সাহায্য করতে বলে না। ঠিক সেরকম কর্মরত মজুররা কখনোই আপনাকে সাহায্য করতে বলবে না। কিন্তু কখন, কোথায় এবং কোন্ সময়ে সাহায্যের প্রয়োজন, তা আপনাকেই বুঝতে হবে। সাহায্যের হাত এগিয়ে দিতে কখনোই সংকোচ করবেন না।

পাওয়ার টিপ্স – সাহায্য করার ব্যাপারে লজ্জার পরিবর্তে গর্ব বোধ করুন!

48

ব্যবসা ছাড়া

বেশীর ভাগ লোক ভাবে যে, শুধুমাত্র ব্যবসা অর্থাৎ বিজনেস করেই বড়লোক হওয়া যায়। এই কথাটা সত্য নয়! এছাড়াও বহু রাস্তা আছে, যার সাহায্যে ধনী হওয়া সম্ভব। যেমন – স্পোর্টস, অভিনয়, আর্ট, লেখা, সাহিত্য রচনা, বৈজ্ঞানিক আবিস্কার, রাজনেতা, সঙ্গীতকার, বক্তা, গণিতজ্ঞ, ডাক্তার, ডান্সার, সিঙ্গার, পায়লট প্রভৃতি পেশায় কেরিয়ার বানিয়েও ধনীদের তালিকায় নিজের নাম অন্তর্ভুক্ত করা যায়!

যে মুহূর্তে ক্রোধ মস্তিষ্ককে শাসন করতে শুরু করে, সেই মুহূর্তে বিচারশক্তি শূণ্য হয়ে পড়ে।

– এম. হেন্‌রী

আজকের সুযোগ ঘুরে-ফিরে হাতছাড়া করে দাও... কাল যে সেই সুযোগ পাবেই, এমন কোন নিশ্চয়তা নেই।

– শেক্সপীয়র

বেশীর ভাগ লোক ধনী হওয়ার জন্য ব্যবসাকেই সব চেয়ে সহজ আর সরল রাস্তা বলে মনে করে... কিন্তু ব্যবসা ছাড়াও এমন বহু রাস্তা আছে, যেগুলো আপনাকে অতি শীঘ্র ধনী করে তুলতে পারে।

ডেল কারনেগী মানুষের ব্যবহারের ওপরে বই লিখে বিখ্যাত হয়েছেন। তাঁর বই বেস্ট সেলার হয়েছে। জে. কে. রোলিং হ্যারী পটারের সিরিজ

লিখে কোটি-কোটি ডলার উপার্জন করেছেন। এম. এফ. হোসেন সিনেমার পোস্টার বানিয়ে নিজের জীবন শুরু করেছিলেন। আজ পৃথিবীর শ্রেষ্ঠ চিত্রকারদের মধ্যে তিনি নিজের স্থান করে নিয়েছেন। তাঁর একটা পেন্টিং কোটি-কোটি ডলারে বিক্রী হয়। ক্রিকেট খেলে শচীন তেণ্ডুলকার কোটি-কোটি টাকার সম্পত্তি গড়ে তুলেছেন। অমিতাভ বচ্চন তাঁর অভিনয় দেখিয়ে শুধু যে মানুষের মন জয় করেছেন, তাই নয়... তিনি কোটি-কোটি টাকা উপার্জনও করেছেন। জী. টিভি-র মালিক সুভাষ চন্দ্র ভারতে প্রাইভেট টি. ভি. চ্যানেল শুরু করেন। তিনি এই চ্যানেলের

মাধ্যমে কোটি-কোটি টাকা উপার্জন করেছিলেন। য়াহু. কমের মাধ্যমে ফ্রী ই-মেলের সুবিধা দিয়ে সমীর ভাটিয়া বহু অর্থ উপার্জন করেছেন! ভারতে মোবাইল কোম্পানী এয়ারটেল শুরু করে সুনীল ভারতী ভালো বিজনেস করে নিয়েছেন।

আজকের পৃথিবী আইডিয়ার পৃথিবী। আজ ব্যবসা ছাড়াও মানুষের সামনে বহু রাস্তা খোলা আছে... যেগুলোর মাধ্যমে আপনি নিজের প্রতিভা বিকশিত করে ধনী হয়ে উঠতে পারবেন। খেলোয়াড়, অভিনেতা-অভিনেত্রী, লেখক-লেখিকা, চিত্রকার, কাউন্সেলর, পি.আর.ও., ফ্যাশন ডিজাইনার, গ্ল্যামার, ইঞ্জিনিয়ার, ডাক্তার, বৈজ্ঞানিক ইত্যাদি হয়ে উঠেও আপনি ধনী হয়ে উঠতে পারেন। তার জন্য আপনাকে নিজের ভেতরে উঁকি মারতে হবে। আপনাকে নিজের প্রতিভা খুঁজে বার করতে হবে... যার দ্বারা আপনি প্রচুর অর্থ উপার্জন করতে পারবেন। নিজের

প্রতিভা বিস্তৃত করে আপনি ধনী হতে পারেন।

দীপ বেশ শিক্ষিত ছিল। সে ধনী হওয়ার স্বপ্ন দেখেছিল। তার জন্য সে কোন একটা ব্যবসা শুরু করতে চেয়েছিল। কিন্তু কি ব্যবসা করবে, সেটা সে ঠিক করতে পারছিল না। এই ব্যাপারে সে বহু লোকের সাথে পরামর্শ করে... কিন্তু কেউই তাকে সঠিক পরামর্শ দিতে পারেনি। তার মধ্যে একটা বিশেষত্ব ছিল, সে খুব ভালো গান গাইতে পারত। একদিন দলের মেহেন্দীর গান শুনে সেও নিজের গানের এ্যালবাম বানাবে বলে ঠিক করে। সে তা করেও! নিজের এ্যালবাম বানিয়ে বাজারে ছেড়ে দেয়। অসাধারণ স্বর, খুব ভালো মিউজিক এবং অত্যন্ত ভালো-ভালো গান থাকার জন্য তার এ্যালবাম খুবই হিট করে। একটা এ্যালবাম হিট্ হওয়ার পর দীপের ভাগ্যই বদলে যায়। সে একের-পর-এক বেশ কয়েকটা এ্যালবাম হিট্ করিয়ে ফেলে। পাঞ্জাবী ফিল্মেও সে গান গাওয়ার সুযোগ পায়। বছরে দু-তিনবার বিদেশে যায় প্রোগ্রাম করতে। আজ ভারতের অনেক শহরে তার রেকর্ডিং স্টুডিও রয়েছে। এই কথা বলার অর্থ হল – শুধুমাত্র বিজনেসই নয়, ধনী হওয়ার জন্য আরও বহু উপায় আছে।

পাওয়ার টিপ্স ঃ-

- ধনী হওয়ার জন্য বিজনেস ছাড়াও বহু সুযোগ আছে। কিসের সাহায্যে আপনি ধনী হতে পারেন, শুধুমাত্র সেটাই জেনে নিতে হবে।
- নিজের ভেতরে সেই সুযোগের সন্ধান করতে হবে।
- খেলা, অঙ্কন, লেখা, অভিনয়, রাজনীতি প্রভৃতি যে কোন ক্ষেত্রে নিজের প্রভাব সৃষ্টি করে আপনি ধনী হতে পারেন।

49

রাতারাতি সফলতা

কিছু লোক এমনটা মনে করেন যে, রাতারাতি সফলতা পাওয়া সম্ভব। কিন্তু কেউই রাতারাতি সফলতা পেতে পারেন না। যে কোন সফলতার পেছনে বহু বছরের কঠোর পরিশ্রম, নিষ্ঠা, অনুশাসন, লাগাতার চেষ্টা প্রভৃতি থাকে... তবেই কোন ব্যক্তি সফলতা লাভ করতে পারেন। রাতারাতি কোন মানুষের পক্ষে ধনী হওয়া সম্ভব নয়... তার জন্য দীর্ঘ সময়ের প্রয়োজন।

আপনি যে কাজ করতে চান, তা নিয়ে লেগে থাকুন। নিজের বুদ্ধির অনুকূল পথ কখনো ত্যাগ করবেন না... আপনি অবশ্যই সফলতা পাবেন। কারণ সফলতা রাতারাতি পাওয়া যায় না।

– *জন এঞ্জিলো*

যদি আপনার মধ্যে বিশ্বাসের সাথে অপেক্ষা করার সাহস থাকে, তবে অবশ্যই সফলতা পাবেন।

– *এম. এল. ক্রীম্যান্স*

বিনামূল্যে সফলতা প্রাপ্ত করার চেষ্টা করবেন না।

– মাও সে তুং

প্রতিটি ব্যক্তিই সফল হতে চায়, পৃথিবীকে বদলে ফেলতে চায়। এমন কোন সফল লোক পাওয়া যায় না, যে রাতারাতি সফলতা

পেয়েছে। এমনটা বলা হয়ে থাকে যে, ইণ্ডিয়ান আইডলের অভিজিৎ সাবন্ত, গ্রেট লাফ্টারের চ্যাম্পিয়ন সুনীল পাল, আমূল ভয়েস অফ্ ইণ্ডিয়ার চ্যাম্পিয়ন ইশমিত রাতারাতি সফলতা পেয়েছে। কিন্তু এটা মোটেই ঠিক কথা নয়। সফলতা পাওয়ার জন্য তাদের বহু বছর ধরে কঠোর পরিশ্রম আর চেষ্টা করতে হয়েছে... তবেই তারা ফাইনালে জয়লাভ করতে পেরেছে। শুধুমাত্র যে বছরের-পর-বছর ধরে পরিশ্রম করতে হয়েছে, তাই নয়... অনেকগুলো রাউণ্ডে বহু প্রতিযোগিদের তাদের হারাতেও হয়েছে।

কোন ক্ষেত্রেই রাতারাতি সফলতা পাওয়া যায় না। যে যাই বলুক না কেন, একথা স্বীকার করতেই হবে। কেউ একদিনে এভারেস্ট জয় করতে পেরেছে কি? এভারেস্টে ওঠার জন্য অনেক ধরণের প্রস্তুতি নিতে হয়। খেলা হোক্ বা অভিনয়... বিজনেস হোক্ বা ফ্যাক্টরী... পড়াশোনা হোক্ বা নাটক – যে কোন ক্ষেত্রে এগোনোর জন্য আপনাকে সময় দিতেই হবে... তার জন্য প্রস্তুতি নিতেই হবে। সাধারণ মাপের প্রস্তুতিতে আপনি সফলতা প্রাপ্ত করতে পারবেন না। সম্পূর্ণ প্রস্তুতির জন্য দীর্ঘ সময় দিতেই হবে। যদি আপনি কোন রকম প্রস্তুতি ছাড়া, সময় ব্যয় না করে রাতারাতি সফলতা পেতে চান, তবে তা কোন মতেই সম্ভব নয়।

বিপুলের অভিনয় খুবই ভালো লাগত। সে সর্বদাই ভাবত যে, যদি একটা ফিল্মে অভিনয় করার সুযোগ পাওয়া যায়... তবে রাতারাতি সুপারস্টার হওয়া যাবে। বিপুলের চিন্তাধারা একেবারেই ভুল ছিল। সুপারস্টার হওয়ার জন্য অভিনয় শেখাটা খুবই জরুরী ছিল। একদিনে এ্যাকটিং শেখা সম্ভব নয়। তার জন্য কঠোর পরিশ্রম, রিহার্সাল, ফিট্নেস, ভয়েস

ডেলিভারি, বডি মুভমেন্ট, ডিসিপ্লিন, পার্সোনালিটি প্রভৃতি বিষয়ে নজর দিয়ে সেগুলিকে ডেভেলপ করার প্রয়োজন। এই সমস্ত প্রস্তুতির জন্য বিপুলের সময় দেওয়ার প্রয়োজন ছিল। তবেই সে এ্যাকটিং-য়ের ব্যাপারে বুঝতে পারত। এ্যাক্টিং শেখার পরে তাকে ফিল্মে কাজ পাওয়ার জন্য স্ট্রাগল করতে হবে। বলিউডে এমন কেউ নেই, যে বিপুল যাওয়ার সাথে-সাথে তাকে চান্স দিয়ে দেবে।

ফিল্মে চান্স পাওয়ার পরেও ফিল্ম বানাতে এক বছর সময় লেগে যায়। ফিল্ম হিট্ হবে কি না, তাও নিশ্চিত করে বলা চলে না। যদি ফিল্ম হিট্ হয়ে যায়, তবে বিপুল সফল হবে... কিন্তু এটাকে রাতারাতি সফলতা বলা যায় কি ? অভিনয় শিখতেও বিপুলের দীর্ঘ সময় লেগেছিল। ফিল্ম বানাতে এক বছর সময় লেগেছে। সেই সময়টাও ধরা হবে। এই ভাবে বেশ কয়েক বছর সংঘর্ষ করার পর সে সফলতা পায়। ইতিহাস এই ব্যাপারে সাক্ষী যে, আজ পর্যন্ত কেউ রাতারাতি সফলতা অর্জন করতে পারেনি। এর জন্য বেশ কয়েক বছর ধরে লাগাতার পরিশ্রম আর চেষ্টা চালিয়ে যেতে হয়।

পাওয়ার টিপ্স – সফল হতে চান, ধনী হতে চান ? তাহলে রাত-দিন এক করে পরিশ্রম করে চলুন... তবেই আপনি ধনী হতে পারবেন।

50

অভ্যাস বদলান

প্রত্যেক ব্যক্তির মধ্যে দু রকম অভ্যাস থাকে। খারাপ আর ভালো অভ্যাস। খারাপ অভ্যাস মানুষকে পতনের দিকে নিয়ে যায়। ভালো অভ্যাস মানুষকে সফলতার শিখরে পৌঁছে দেয়। আরবী ভাষায় একটা প্রবাদ আছে – প্রত্যেক মানুষের ভেতরেই অলসতা, লোভ, মিথ্যা, রাগ, স্বার্থ প্রভৃতি দুর্বলতা থাকে। এই সমস্ত দুর্বলতাগুলোই মানুষকে দারিদ্রতার জালে জড়িয়ে রাখে। ধনী হওয়ার জন্য নিজের ভেতর থেকে এই খারাপ অভ্যাসগুলোকে দূর করতেই হবে... তবেই ধনাঢ্যতার স্বাদ আস্বাদন করা সম্ভব হবে!

আমরা কি ভাবে সময় কাটাচ্ছি, সেদিকে আমাদের লক্ষ্য রাখা উচিত... কারণ আমরা নিজেদের ভাগ্য নির্মাণে নিজেদের সাহায্য করে থাকি।

– ***রবার্ট হীপ***

মানুষের সব থেকে বড় বন্ধু তার দশটা আঙ্গুল হয়।

– ***শেক্সপীয়র***

প্রত্যেক ব্যক্তিই জীবনে সফল হতে চায়... কিন্তু এটা এমন একটা জিনিষ, যেটা সকলের হাতে ধরা দেয় না। আসলে এমন কিছু অভ্যাস আছে, যেগুলো আমাদের সফলতা বা ব্যর্থতার শিখরে পৌঁছে দেয়। যদি সেই অভ্যাসগুলোকে নিয়ন্ত্রণ করা যায়, তবে নিশ্চিত রূপে সফলতার শিখরে পৌঁছনো সম্ভব! ইতিহাস এই ব্যাপারে সাক্ষী যে, আজ পর্যন্ত

যত লোক সফল হয়েছেন, তাঁরা কেউই অভ্যাসের দাস ছিলেন না। ডাঃ উইলিয়াম কে.-য়ের মতে কোন ব্যক্তিই খারাপ হয় না। তার অভ্যাস তাকে খারাপ বানিয়ে দেয়। খারাপ অভ্যাসের জালে জড়িত মানুষেরা কখনোই ভালো হতে পারে না। যদি ভালো মানুষ হতে চান, তবে খারাপ অভ্যাসের থেকে দূরে থাকতে হবে।

বিনোদের বাবা মরার সময় তার জন্য কোটি টাকার সম্পত্তি রেখে গেছিলেন। কোটি টাকার সম্পত্তি পাওয়া সত্ত্বেও আজ বিনোদ রাস্তায়। এর কারণ হলে, বিনোদের বহু খারাপ অভ্যাস ছিল। সে সিগারেট এবং ড্রাগের সেবন করত... সে মদ্যপান করত... জুয়া খেলত... মেয়েদের সাথে ঘুরে বেড়াত... কলগার্লদের কাছে যাওয়া ইত্যাদি অনেক খারাপ অভ্যাস তার মধ্যে ছিল। সে সকলকে ঘৃণার চোখে দেখত, সকলের নামে নিন্দা করত। সে বড়দের সম্মান করত না। মাঝরাত পর্যন্ত পার্টি করে সকালে দেরী করে ঘুম থেকে ওঠা ছিল তার প্রতি দিনের কাজ। সে সর্বদা রুদ্রমূর্তি ধারণ করে থাকত... যে কোন মানুষকে গালাগালি দিয়ে কথা বলত। বিনোদের মধ্যে সব

রকমের কু-অভ্যাস ছিল। এই সমস্ত কু-অভ্যাসের জন্য সে তার বাবার ব্যবসা ঠিক মত দেখাশোনা করতে পারেনি। ব্যবসা চৌপাট হয়ে যায়। দেখতে-দেখতে সে পথের ভিখারী হয়ে যায়। পয়সা শেষ হয়ে যাওয়ার পর বিনোদের মনে অনুতাপ আসে... কিন্তু সমস্ত পয়সা শেষ হয়ে যাওয়ার পর অনুতাপ করে কি হবে ? সে মনে-মনে নিজেকে শোধরানোর প্রতিজ্ঞা করে। ভাবে খারাপ অভ্যাস ত্যাগ করে সুন্দর ভাবে নিজের জীবন শুরু করবে। এই কারণে সে নিজের বন্ধুদের কাছে সাহায্য চায়। বিনোদের স্বভাব সম্পর্কে সকলেই ওয়াকিবহাল ছিল... ফলে কেউই

তাকে সাহায্য করতে রাজী হয় না।

কথায় বলে, খারাপ অভ্যাস নিজের সাথে আরও বহু রকম খারাপ জিনিস নিয়ে আসে। খারাপ অভ্যাস শারীরিক, মানসিক, সামাজিক, নৈতিক প্রভৃতি সব কিছুরই ক্ষতি সাধন করে থাকে। খারাপ অভ্যাস শরীরের মধ্যে এক ধরণের নেগেটিভ এনার্জী সৃষ্টি করে... যা মানুষের পার্সোনালিটিকে বদলে দেয়। ধূম্রপানের খারাপ অভ্যাস শরীরের তো ক্ষতি করেই... তার সাথে-সাথে আর্থিক ক্ষতিও করে থাকে।

যদি আপনাকে কেউ আপনার খারাপ অভ্যাস সম্পর্কে জানায়... তবে তার প্রতি মনক্ষুন্ন হওয়ার পরিবর্তে তাকে ধন্যবাদ জানান... কারণ সে আপনার প্রকৃত হিতৈষী। নিজের খারাপ অভ্যাস সম্পর্কে জেনে তা শোধরাবার চেস্টা করুন। যে কোন খারাপ অভ্যাস দূর করা সম্ভব। শুধুমাত্র সেটাকে নিয়ন্ত্রণ করাই সব চেয়ে বেশী প্রয়োজন হয়। নিজের সকল ইন্দ্রিয়গুলিকে নিয়ন্ত্রণ করতে পারলে আপনি নিজের খারাপ অভ্যাসগুলোর ওপরেও নিয়ন্ত্রণ করতে পারবেন।

পাওয়ার টিপ্‌স – খারাপ অভ্যাস মানুষকে দাস বানিয়ে দেয়... কখনোই খারাপ অভ্যাসের দাস হওয়া উচিত নয়।

51

অত্যধিক কঠোর পরিশ্রম

পরিশ্রম ছাড়া কিছুই পাওয়া যায় না। অর্থ উপার্জন করার জন্য কঠোর পরিশ্রম করতেই হবে। লাগাতার পরিশ্রম করুন... আরও পরিশ্রম করুন। যত কঠোর পরিশ্রম করবেন, আপনি তত শীঘ্র ধনী হতে পারবেন!

প্রবল ইচ্ছার অর্থ হল একটা লক্ষ্য স্থির করা, তারপর কার্য পরিকল্পনা তৈরী করা... যা আপনাকে সেই লক্ষ্যে পৌঁছে দিতে পারে আর ততক্ষন সেই কাজ করুন, যতক্ষন না আপনি লক্ষ্যে উপনীত হচ্ছেন। সব চেয়ে গুরুত্বপূর্ণ তত্ত্ব হল কাজে লেগে থাকা।

– মাইকেল হ্যান্সন

পৃথিবীর ধনী ব্যক্তিদের মধ্যে অন্যতম লক্ষ্মী মিত্তলের মতে – বহু লোক কঠোর পরিশ্রম করে। তবে আপনাকে তাদের থেকেও বেশী পরিশ্রম করতে হবে। তবেই আপনি সফল হতে পারবেন, ধনী হতে পারবেন। আর্ল অফ্ চেস্টারফীল্ডের মতে – আমার পরামর্শ হল, আপনি নিজের মিনিটের দিকে খেয়াল রাখুন... ঘন্টা নিজেই নিজের কাজ করে চলবে। চার্লস ডারউইনের মতে – যে ব্যক্তি এক ঘন্টা অপচয় করার সাহস দেখাতে পারে, সে জীবনের মূল্যই বোঝে না।

হেলেনা রুবনিস্টীনের মতে – আমি দিনে 20 ঘন্টা কাজ করতাম। এমন কি রবিবারও কাজ করতাম। যে ব্যক্তি কাজ এড়িয়ে চলে, সে

সফলতার স্বাদ চাখতে পারে না। সফলতা তার হাত থেকে বালির মতন পিছলে যায়। প্রচণ্ড কঠোর পরিশ্রম সফলতার শিখরে নিয়ে যায়। আজ পর্যন্ত যত লোক সফল হতে পেরেছেন, তাঁরা সকলে নিজেদের কঠোর পরিশ্রম দ্বারাই সেটা হাসিল করতে পেরেছেন।

টী সিরিজের মালিক ভূষণ কুমার 14 - 15 ঘন্টা কঠোর পরিশ্রম করেন। তাঁর স্ত্রী দিব্যা খোসলার সঙ্গে কথা বলার সময় তিনি নিজের স্বামীকে ওয়ার্ক-এ্যালকোহোলিক বলেছিলেন। দিব্যা বলেছিলেন – *"আমি ওর এই অভ্যাসের জন্যই পাগল। এটাই ওর সফলতার রহস্য।"* অমিতাভ বচ্চন 65 বছর পার করে ফেলেছেন... কিন্তু আজও তিনি প্রতি দিন 12 থেকে 14 ঘন্টা কাজ করেন। ইন্টারভিউ-য়ের সময় আমি তাঁকে তাঁর সফলতার রহস্য জিজ্ঞাসা করলে তিনি একটু হেসে বলেছিলেন – *"কঠোর পরিশ্রম"*।

রতন টাটা বলেন – পরিশ্রম ছাড়া আপনি সফলতার স্বাদ আস্বাদন করতে পারবেন না। আজীম প্রেম জী-র মতে – যদি মানুষের কাছে স্বপ্ন, কঠোর পরিশ্রম করার সাহস এবং শেখার প্রবল ইচ্ছা থাকে... তবে সে অবশ্যই সফল হতে পারে।

ধরুন আপনার কাছে কোন ভালো প্ল্যান আছে। কিন্তু আপনার কঠোর পরিশ্রম করার ক্ষমতা নেই... তাহলে আপনার সেই প্ল্যান কোন কাজেই আসবে না। যারা কাজ করে, তারাই সফল হয়। পৃথিবীতে এমন বহু লোক আছেন, যাঁদের মনে ধনী হওয়ার ইচ্ছা থাকলেও কঠোর পরিশ্রম করার ইচ্ছা থাকে না। তাঁরা কোন রকম পরিশ্রম না করেই ধনী হতে চান। কোন রকম পরিশ্রম ছাড়াই তাঁরা টাকা উপার্জনের প্ল্যান করেন। তাঁরা কতটা ভুল করছেন, তা তাঁরা নিজেরাই বুঝতে পারেন না... কিন্তু তাঁরা যদি পরিশ্রম ছাড়া অর্থ উপার্জনের প্ল্যান না

বানিয়ে পরিশ্রম করতে থাকেন, তবে তাঁরা অবশ্যই সফল হতে পারবেন।

নেপোলিয়ন হিলসের মতে – পরিশ্রমের প্রতি গাফিলতিও এক প্রকারের অসুখ হয়... যা ব্যক্তিকে দারিদ্রতার জাল থেকে মুক্ত হতে দেয় না। একটা প্রবাদ আছে – পরিশ্রম ছাড়া কিছুই পাওয়া যায় না... এমন কি ভগবানকেও পাওয়া যায় না। রাল্ফ ভাল্ডো এমার্সনের মতে – লাগাতার কঠোর পরিশ্রম করলে সফলতা পাওয়া যায়। গাফিলতি, অমনোযোগিতার সাথে কাজ করলে নিশ্চিত রূপে ব্যর্থ হতেই হয়।

নিস্কর্মা হয়ে থাকা, কাজের প্রতি অমনোযোগিতা, পরিশ্রম করতে না চাওয়া ব্যর্থতা, নিরাশা এবং দারিদ্রতার প্রতীক হয়। যদি আপনি এগুলি দূর করতে চান, তবে কঠোর পরিশ্রম করুন। কঠোর পরিশ্রম মানুষকে উন্নতির শিখরে নিয়ে যেতে পারে। কঠোর পরিশ্রমই সফলতার মিষ্টি ফল প্রদান করতে পারে!

পাওয়ার টিপ্‌স – যোগ্যতার তুলনায় অনেক বেশী গুরুত্বপূর্ণ হল কঠোর পরিশ্রম।

52

যা আপনার ভালো লাগে

মনের মতন কাজ করুন। যে কাজ আপনার ভালো লাগে, সেই কাজ করুন। অপরের থেকে পরামর্শ নিয়ে এমন কোন কাজ করবেন না, যা আপনার পছন্দের নয়। অপছন্দের কাজ মনে ক্লান্তি আনে। তার দ্বারা কখনোই সফলতা পাওয়া যায় না। যদি ধনী হতে চান, তবে নিজের পছন্দের কাজ শুরু করুন।

বেশীর ভাগ ক্ষেত্রে ব্যর্থতার প্রধান কারণ ধনের অভাব নয়... বরং প্রয়োজনীয় শক্তি এবং সামর্থ্যের অভাব হয়।

– ড্যানিয়েল ওয়েবস্টার

না দেখে কখনও কোন বস্তুর প্রতি বিশ্বাস করবেন না আর না পড়ে কখনও কোন কিছুতে হস্তাক্ষর করবেন না।

– স্প্যানিশ লোকোক্তি

যদি কোন বস্তুর ব্যাপারে সিদ্ধান্ত ঠিক থাকে, তবে তা সারা জীবনের জন্যই ঠিক।

– ফ্র্যাঙ্কলিন

এক ফরাসী প্রবাদ আছে – *'থিংক হোয়াট ইউ লাইক... সে হোয়াট ইউ ওয়ান্ট!'* অর্থাৎ আপনার কি ভালো লাগে, তা ভেবে দেখুন আর সুযোগ পেলে সেটাই করুন, যেটা আপনি করতে চান। যখন আপনি

নিজের পছন্দের কাজ করবেন, তখন সেই কাজে আপনার মন লাগবে... ফলে আপনি সফল হবেন। কাজ পছন্দের না হলে আপনি অতি শীঘ্র বোর হয়ে যাবেন।

গান্ধী জী ব্যারিস্টার হলেও সেই কাজটা তাঁর পছন্দের ছিল না। তাঁর মনে দেশপ্রেম ছিল ভরপুর। তাঁর সমাজ সেবা করতে অনেক বেশী ভালো লাগত। জনপ্রিয় অভিনেতা রাহুল বোস সিনেমায় আসার আগে চণ্ডীগঢ়ে সরকারী চাকরী করতেন। দক্ষিনের সুপার স্টার রজনীকান্ত সিনেমায় আসার আগে বাস কণ্ডাক্টর ছিলেন। সিনেমায় আসার আগে

দিলীপ কুমার বাজারে ফল বিক্রী করতেন। রাম গোপাল ভার্মা ডায়রেক্টর হওয়ার আগে ইঞ্জিনিয়ার ছিলেন। রীতেশ দেশমুখ আমেরিকা থেকে আর্কিটেক্চারের কোর্স করেছিলেন... কিন্তু সেই কাজটা তাঁর পছন্দের ছিল না... তাই তিনি সেই লাইন ছেড়ে সিনেমার নায়ক হয়ে পড়েন।

এমন বহু লোক আছে, যারা নিজেদের পেশা পরিবর্তন করে সফলতা লাভ করেছে। পছন্দের কাজে মানুষ উৎসাহ, আনন্দ এবং সুখ খুঁজে পায়... যা মানুষকে সফলতার শিখরে নিয়ে যায়। এমন বহু লোক আছে, যারা মা-বাবার দেখানো পথেই চলে। এই কাজ তাদের পছন্দের না হওয়া সত্ত্বেও মা-বাবার মন রাখার জন্য বা মা-বাবার ভয়ে তারা সেই কাজ করতেই প্রস্তুত হয়ে যায়। এমন অবস্থায় তারা মন দিয়ে

কাজ করে না... ফলে তারা কাজ নিয়ে ঘষটাতে থাকে। তারা মা-বাবার কথা অমান্যও করতে পারে না। মা-বাবার কথা অমান্য করে নিজের পছন্দের কাজ করার মতন সাহস তাদের থাকে না। কারণ তারা ভয় পায় যে, অসফল হয়ে পড়লে মা-বাবা তাদের সঙ্গ দেবে না।

পছন্দের কাজ করতে পারলে মনে একটা নতুন উৎসাহ এবং দৃঢ়তার সৃষ্টি হয়। সেই কাজ সফল করার জন্য মানুষ দিন-রাত এক করে দেয়। ফ্যাশন ডিজাইনার ওমর জাফরের মতে – তিনি ছোট থেকেই ফ্যাশন ডিজাইনার হতে চেয়েছিলেন। এই জন্য তিনি দিন-রাত পরিশ্রম করেছেন... আজও পরিশ্রম করে চলেছেন। তা সত্ত্বেও তিনি এই কাজ করতে খুবই আনন্দ পান। এই কাজের পরিবর্তে অন্য কোন কাজ পেলে তিনি দিন-রাত পরিশ্রম করতে পারতেন না। কারণ সেই কাজটা তাঁর পছন্দের হত না... সেই কাজ তিনি কোন অবস্হাতেই করতে পারতেন না।

জীবনে সফলতা পেতে হলে সবার প্রথম নিজের পছন্দের কাজ খুঁজে বার করতে হবে... তবেই আপনি সেই কাজ করতে আনন্দ পাবেন। পছন্দের কাজ করার ব্যাপারে আপনি নিজের শক্তি একত্রিত করে নিজের উদ্দেশ্য পূরণ করতে পারবেন। নিজের পছন্দের কাজ নির্বাচনের ব্যাপারে কারো কথা শুনবেন না... শুধুমাত্র নিজের মনের কথা শুনুন... কারণ মন থেকে যে কাজ করবেন, সেটা অবশ্যই ভালো হবে... তাতে আপনি সফলতাও পাবেন। এই কাজ করতে আপনার একঘেয়েমিও লাগবে না।

পাওয়ার টিপ্‌স – যে কাজ পছন্দ করেন, সেটাই করুন। নিজের পছন্দের কাজ করতে দু-চার ঘন্টা বেশী পরিশ্রম করতে হলেও করুন।

●

53

ক্রোধ এড়িয়ে চলুন

যে ব্যক্তি রাগ করে, সেই সব চেয়ে বেশী ক্ষতিগ্রস্ত হয়। তাই ব্যক্তির সর্বদাই ক্রোধের থেকে দূরে থাকা উচিত। ক্রোধ যে শুধুমাত্র মানসিক বা শারীরিক দিক থেকেই ক্ষতি করে, তাই নয়... বরং সেটা সামাজিক আর আর্থিক রূপেও ক্ষতি করে। যদি ধনী হতে চান, তবে ক্রোধ এড়িয়ে চলুন!

যে ব্যক্তি ছুটন্ত রথের সমান ক্রোধকে সংবরণ করতে পারে, তাকেই আমি প্রকৃত সারথি বলে মনে করি।

– গৌতম বুদ্ধ

যে মুহূর্তে রাগ মস্তিষ্কের ওপর নিজের প্রভাব বিস্তার করে নেয়... সেই মুহূর্তে মানুষের বিচারশক্তি শূণ্য হয়ে পড়ে।

– এম. হেন্‌রী

ক্রোধ এক ধরণের পাগলামী হয়... এটাকে নিয়ন্ত্রণ করুন! অন্যথা এটাই আপনাকে নিয়ন্ত্রণ করবে।

– হোরেস

মিস্টার এক্স রাগে নিয়ন্ত্রণ হারিয়ে ফেলেন। সেই সময় তাঁর সামনে কে আছে, সেটা তিনি তাকিয়েও দেখেন না। উনি খুবই খারাপ ভাবে চিৎকার-চেঁচামেচি করতেন... গালাগালি দিতেন... এমন কি লোকেদের

খারাপ কথা বলতেও দ্বিধা করতেন না। তাঁর এই রাগের জন্য তাঁর অধীনস্থ কর্মচারীরা তাঁকে সহ্য করতে পারত না। একদিন কোন একটা কারণে তিনি নিজের এক কর্মচারীর ওপরে রাগ দেখাচ্ছিলেন... এমন সময় তাঁর বস্ এসে পড়েন।

বস্ তাঁকে শান্ত করার চেস্টা করলে তিনি নিজের বসের ওপরেও বিগড়ে যান। রাগে তিনি কার সাথে কথা বলছেন, সেটাও ভুলে যান। মিস্টার এক্সের কথাবার্তা তাঁর বসের ভালো লাগে না। যে ব্যক্তি রাগে পাগলের মতন আচরণ করতে পারে, তার সামনে কে দাঁড়িয়ে আছে – সে সেটাও ভুলে যায়? বস্ সেই মুহূর্তে মিস্টার এক্সকে চাকরী থেকে বরখাস্ত করে দেন। মিস্টার এক্সের মাথা ঠাণ্ডা হওয়ার পর তিনি কি ভুল করেছেন, সেটা বুঝতে পারেন। তিনি নিজের বসের কাছে ক্ষমা চান... কিন্তু বস্ তাঁকে ক্ষমা করেন না। এই প্রকার নিজের রাগের কারণে মিস্টার এক্সকে ভালো চাকরী হারাতে হয়। ক্রোধ মানুষের সর্বনাশ ডেকে আনে। ইতিহাসে এমন বহু উদাহরণ আছে – রাগের জন্য ঘর, রাজ্য, দেশ সব চলে গেছিল। বাইবেলে বলা হয়েছে – যে রাগ করতে দেরী করে, সে মহান বিবেকবান... কিন্তু যার মধ্যে উতালতা আছে, সে মূর্খের উপাসক।

'ক্রিয়েশন্স অফ্ কমন সেন্স'-য়ের লেখক ডাঃ সুসন ক্রেসর রাগকে ভাবাত্মক বিদ্রোহ বলে দাবী করেছেন। তাঁর মতে – যখন মানুষ ভাবাত্মক রূপে আহত হয়, তখন তার ভেতরের কস্ট রাগের রূপে প্রকাশিত হয়। হয়তো সে নিজেই নিজের রাগের কারণ বুঝতে পারে। পিথাগোরাসের মতে – রাগ মূর্খামি দিয়ে শুরু হয় আর অনুতাপের মাধ্যমে শেষ হয়। চৈনিক লোকোক্তি অনুসারে – রাগের মাথায় কখনও

কোন কিছুর উত্তর দেওয়া উচিত নয়। প্লুটার্কের মতে – রাগ বুদ্ধিমত্তাকে ঘর থেকে বাইরে বার করে দরজার ছিটকিনি দিয়ে দেয়।

রাগ করা খুবই খারাপ অভ্যাস। যে রাগ করে... সে বুঝতে পারে না যে, সে কখন কার ওপরে রাগ করছে। কারণ কোন ক্ষতি হওয়ার পর রাগ করলে সেই ক্ষতি তো পূরণ হয়-ই না... বরং রাগ করলে নিজের আরও ক্ষতি হয়। ডাঃ সন্দীপ বোরা বলেছেন – রাগের কারণে যে মানসিক চাপ সহ্য করতে হয়... সেটা কোন জিনিষ উন্নত করার পরিবর্তে আরও বিগড়ে দেয় আর ব্যক্তির স্বাস্থ্যও বিগড়ে দেয়। ব্যক্তি মানসিক রোগের শিকার হয়ে যায়। ডাঃ বোরার মতে – অতি সহজেই রাগকে নিয়ন্ত্রণ করা সম্ভব। রাগের মুহূর্তে দীর্ঘশ্বাস নিন এবং উল্টো গুণতে শুরু করুন... রাগ নিয়ন্ত্রিত হয়ে পড়বে।

ধনী হওয়ার রাস্তায় বহু চড়াই-উতরাই আসে। এই পথে চলার সময় বিভিন্ন ধরণের লোকের মুখোমুখিও হতে হয়। যদি আপনি সর্বদাই রেগে থাকেন, তবে আপনি কখনোই এগিয়ে যেতে পারবেন না। যদি ধনী হতে চান; তবে নিজের রাগকে নিয়ন্ত্রণ করুন। ডাঃ বেরী নেকের মতে – সামান্য একটু ভালোবাসা অনেক বড় রাগকে ছু-মন্তর করে দিতে পারে!

পাওয়ার টিপ্‌স – রাগ করে নিজের এনার্জী অপচয় করার পরিবর্তে সেটার সঠিক ব্যবহার করে আপনি নিজের স্বপ্নকে সাকার করে তুলতে পারেন!

54

নতুন প্রচেষ্টা

আপনি যদি ধনী হতে চান, তবে আপনাকে প্রত্যেক বার নতুন-নতুন চেষ্টা করতে হবে। নতুন চেষ্টা ছাড়া আপনি লাভবান হতে পারবেন না। নতুন চেষ্টার ক্ষেত্রে বহু রকম রিস্ক থেকে যায়। এটাও মনে রাখবেন যে, আঘাত সহ্য না করলে সফলতা পাওয়া সম্ভব নয়। আপনার নতুন চেষ্টা যদি শীঘ্রই ক্লিক্ করে যায়, তবে আপনার ধনী হতে সময় লাগবে না।

যতক্ষন আমরা কোন জিনিষ প্রাপ্ত করাকে অসম্ভব বলে মনে করি, ততক্ষন সেটা প্রাপ্ত করা সম্ভব হয় না। তা তখনই সম্ভব হয়, যখন আমরা সেটাকে সম্ভব বলে মনে করব।

– স্যার রজার ব্যানিস্টর (প্রসিদ্ধ রানার)

সফলতার ভেতরে অনেক বড়-বড় আশা এবং অনেক খুশী লুকিয়ে থাকে। যদি আপনার মধ্যে প্রকৃত নিষ্ঠা আর আত্মবিশ্বাসের সাথে নতুন কিছু চেষ্টা করার ক্ষমতা থাকে, তবে পৃথিবীর কোন শক্তিই আপনার সফলতার পথে বাধার সৃষ্টি করতে পারবে না। থমাস আল্ভা এডিসন বাল্ব বানানোর জন্য 60 হাজার বার চেষ্টা করেছিলেন... তার পরে উনি সফলতা অর্জন করেছিলেন। এতবার চেষ্টা করা সত্ত্বেও এডিসন হতাশ বা বিব্রত হন নি। তাঁর মতে – *"আমি প্রত্যেক বার একটা করে নতুন প্রয়োগ করার চেষ্টা করেছি। শেষ পর্যন্ত আমি*

সফলতা পেয়েছি। সেটাকে আমি ব্যর্থতা নয়... নিজের নতুন প্রয়োগ হিসেবে মনে করি!"

রবার্ট পীল নিজের বাড়ীতে সুতো কাটার জন্য চরখা লাগিয়ে রেখেছিলেন। সেই সময় চরখায় সুতো কাটা হত। এই সব চরখা হাত দিয়ে চালানো হত। চরখায় ছোট-ছোট সুতো ফেঁসে যেত... যার ফলে চরখা চালানো মুশ্কিল হয়ে উঠত। কারিগরদের বার-বার কাজ থামিয়ে চরখা থেকে সুতোর টুকরো বার করতে হত... এতে কাজের খুবই ক্ষতি হত।

রবার্ট পীলের কাছে ডিক নামের এক কারিগর কাজ করত। যখনই সে চরখায় সুতো কাটত, তখনই চরখায় সুতো জড়িয়ে ফেলত। কেন চরখায় সুতো পাকিয়ে যায়, সেটা সে নিরীক্ষণ করে। তারপর চরখা ঠিক মত চালানোর জন্য বহু রকম পরীক্ষা চালায়। একদিন সে চরখায় চক্ বুলিয়ে দেয়। ও এই দেখে আশ্চর্য হদয়ে ওঠে যে, এবার ওর চরখা বাধাহীন ভাবে কাজ করছে। চক্ বুলিয়ে দেওয়ার কারণে চরখায় সুতো আটকাচ্ছিল না। তার নতুন প্রচেস্টা বাস্তবেই সফলতা লাভ করে।

ডিক যখন তার এই চেস্টা তার মালিককে দেখায়, তখন তিনিও খুব খুশী হন। তিনি ডিকের সাহায্যে এমন চক্ বানান... যাতে আপনা থেকেই চরখাতে চক্ লেগে যেত। ডিকের এই প্রচেস্টার জন্য রবার্ট পীল কিছুদিনের মধ্যেই অন্যান্য চরখার মালিকদের থেকে অনেক এগিয়ে যান। ডিকের এই প্রচেস্টার জন্য তিনি ডিককে

অনেক পয়সা দেন। ডিক নিজের নতুন প্রচেস্টার জন্য ধনাঢ্যতার স্বাদ আস্বাদন করতে পারে।

আপনিও যদি ধনী হতে চান, তবে নিজের কাজের মধ্যে নতুন-নতুন চেস্টা চালাতে থাকুন। বর্তমান বাজারে প্রতি দিন নতুন-নতুন জিনিষ আসছে। লোকে নতুন জিনিষ দেখে তার প্রতি আকর্ষিত হয়। প্রত্যেকে নিজেকে প্রতিষ্ঠিত করার জন্য উন্নততর প্রচেস্টা চালিয়ে যাচ্ছে। এমন অবস্হায় আপনার যে কোন একটা চেস্টা সফল হয়ে গেলেই আপনি দেখতে-দেখতে ধনী হয়ে উঠবেন। কোন মানুষের মধ্যেই এই যোগ্যতা জন্মজাত হয় না। এটাকে নিজেকেই বিকশিত করতে হয়। ইকেন বেনের মতে – ব্যক্তি যে কোন ক্ষেত্রে সফলতা লাভ করতে পারে... তার জন্য একটা মাত্র নতুন প্রচেস্টার প্রয়োজন হয়। আপনার চেস্টা ছোট, না বড় – সেটা গুরুত্বপূর্ণ নয়... কিন্তু আপনার চেস্টা উপযুক্ত হওয়া উচিত!

পাওয়ার টিপ্‌স – যে কোন মহান বৈজ্ঞানিকের আবিষ্কার একটা নতুন এক্সপেরিমেন্ট ছাড়া আর কিছুই হয় না। যে সফল হয়, সেই অভিজ্ঞতা লাভ করে।

●

55

শক্তি বানান

কখনও কি ভেবে দেখেছেন যে, সারা দিন বসে গল্প করতে, হাসি-ঠাট্টা করতে বা এদিক-সেদিক ঘুরে বেড়াতে কতটা এনার্জী নষ্ট হয়। অকারণে শক্তি *(এনার্জী)* অপচয় করলে আর কোন কাজ করতে ইচ্ছা করে না। অর্থ উপার্জন করতে চাইলে বাজে কাজে এনার্জী নষ্ট করলে চলবে না। নিজের এনার্জী এমন কিছুতে খরচ করুন, যাতে আপনার লাভ হয়।

উঁচু শিখরে পৌঁছতে চাইলে একেবারে নীচ থেকে আরম্ভ করুন। কাজের সাথে সম্পর্কিত কোনন কিছুকে অনুপযোগী বলে মনে করবেন না... সেই সম্পর্কে সম্পূর্ণ জ্ঞান অর্জনের চেষ্টা করুন।

– স্বেট মার্ডন

যদি জীবনে সফলতা পেতে চান, তবে শক্তি সঞ্চয় করতে শিখুন। *'হাউ টু ডু হোয়াট ইউ ওয়াণ্ট টু ডু'*-য়ের লেখক ডঃ ওয়াল হকের মতে – ব্যক্তি ভুল করে নিজের শক্তির সঠিক ব্যবহার করতে পারে না বলেই বেশীর ভাগ ক্ষেত্রেই ব্যক্তি ব্যর্থ থেকে যায়। স্বেট মার্ডনের মতে – ব্যক্তি এট ভুলে যায় যে, কোথায় তার শক্তির ব্যবহার করতে হবে। ডঃ চোপড়ার মতে – অনেক সময় ব্যক্তি এটা বুঝতে পারে না যে, সে ফালতু শক্তি অপচয় করছে... যখন সে সেটা বুঝতে পারে, তখন অনেক দেরী হয়ে যায়।

শুধুমাত্র কিশোররাই নয়... বয়স্ক লোকেরাও নিজেদের এনার্জী নষ্ট করে ফেলেন। গ্রামে গেলে দেখতে পাবেন যে, বয়স্ক লোকেরা এক সাথে বসে গল্প করে সময় নষ্ট করছেন। শহরে ভিডিয়ে গেম বা মোবাইলে গেম খেলে সময় নষ্ট করছেন। কিছু লোক পরনিন্দা-পরচর্চা করে, তো কিছু লোক অপরের দুর্বলতা খুঁজতেই সময় কাটিয়ে দেয়। আপনি যদি ধনী হতে চান, তবে বাজে কথা বলে সময় নষ্ট করবেন না। যতটা সম্ভব শক্তি সঞ্চয় করে রাখুন... সঠিক স্হানে শক্তি ব্যয় করলে আপনি অনেক বেশী লাভবান হতে পারবেন।

ধীরাজ ছিল একজন কার মেকানিক। তার হাতের কাজ খুবই ভালো ছিল। লোকেরা তাকে দিয়েই গাড়ী ঠিক করাত। ধীরাজের কাজ এতটাই বেড়ে উঠেছিল যে, তাকে দু-চারটে সহযোগী রাখতে হয়। ধীরাজের কাছে যারা কাজ করত, তাদের মধ্যে একটা ছেলের নাম ছিল রাজু। তার জোকস্ এবং গ শোনানোর শখ ছিল। সে কাজের ফাঁকে-ফাঁকে একটা-দুটো জোকস্ শোনাত। তার জোকস্ শুনে অন্যান্য কাজের লোকরাও কয়েকটা জোকস্ বলত বা শুনত। রাজু প্রতি দিন নতুন নতুন গল্প বানিয়ে শুনত।

ধীরাজেরও এই সব কথা শুনতে ভালো লাগত। সেও তার কাছে বসে জোকস্ আর গল্প শুনত। কখনো-কখনো কথা বলতে-বলতে কাজের কথা মাথাতেই থাকত না। যখন কেউ গাড়ী নিতে আসত, তখন তাকে পরে আসতে বলে দিত। ধীরাজ এবং তার কাজের লোকরা বাজে কথা বলে তাদের এনার্জী নষ্ট করত। ফলে পরে তাদের আর কাজে মন লাগত না। সময় মত গাড়ী না পাওয়ায় লোকেরা গাড়ী সারাবার জন্য অন্যদের কাছে যেতে থাকে... ফলে ধীরাজের কাজ কমতে থাকে। সে দু দিক দিয়েই মার খাচ্ছিল। এক দিকে কাজ

কমে গেছিল আর অন্য দিকে সহযোগীদের মাইনেও দিতে হচিছল। ধীরাজ যখন নিজের ভুল বুঝতে পারল, তখন সে রাজুকে কাজ থেকে ছাড়িয়ে দিল আর অন্যদের মন দিয়ে কাজ করতে বলল। এতে আবার একবার ধীরজের কাজ দ্রুত গতিতে চলতে শুরু করে।

জীবনে সফলতা পাওয়ার একটা বিশেষ মন্ড হল, নিজের শক্তির সঠিক প্রয়োগ করা। শক্তির অপচয় করলে তার থেকে কি ভাবে লাভবান হওয়া সম্ভব ? শক্তির অপচয় না করে সেটার সঠিক প্রয়োগ করুন... তবেই আপনি সফলতা পারেন। *“থিওরী অফ্ সাক্সেস ফোর্সেস”*-তে লেখা আছে – বেশীর ভাগ লোক শক্তি অপচয় করে... যার ফলে তারা সফল হতে পারে না। এই অভ্যাস বদলে ফেলুন। ধনী হওয়ার জন্য সেই শক্তি খরচ করুন... দেখবেন, আপনিও সফলতার শিখরে উঠতে পেরেছেন।

পাওয়ার টিপ্‌স – নিজের শক্তিকে চিনুন এবং সেটা অপচয় করবেন না।

সঞ্চয় করুন

ধনী হওয়ার জন্য পয়সা রোজগার করা খুবই জরুরী। কিন্তু তার চেয়ে বেশী গুরুত্বপূর্ণ হল, অর্থ SAVE *(সঞ্চয়)* করা। যাতে আগত ভবিষ্যতে আপনি সেই অর্থ দিয়ে সুখে জীবন কাটাতে পারেন। প্রসিদ্ধ অর্থ বিশেষজ্ঞ মারিয়ার মতে – যে ব্যক্তি সঠিক উপায়ে পয়সা বাঁচাতে পারে, প্রকৃত অর্থে সেই ধনী। কারণ সঠিক পদ্ধতিতে সঞ্চয় করা অর্থ সুখ, সমৃদ্ধি এবং সুরক্ষা প্রদান করে। সঞ্চয় ছাড়া ধনী হওয়া অসম্ভব। ধনী হতে হলে সঞ্চয় করা খুবই জরুরী। এটা কথা মনে রাখবেন, পয়সা উপার্জনের থেকে বেশী জরুরী সেটা সঞ্চয় করা।

বুদ্ধিমান ব্যক্তি নিজের সমস্ত ডিম একটা ঝাঁপিতে কখনোই রাখে না।

– ***সর্ভেন্টিস***

আমাদের প্রকৃত দারিদ্রতা হল নিজের তুলনায় অপরকে শোধরানোর চেষ্টা বেশী করা আর নিজেকে যত দূর সম্ভব কম শোধরানো।

– ***অজ্ঞাত***

যদি সঠিক সময়ে নিয়মিত সঞ্চয় করা যায়, তবে ভবিষ্যতে সেটা জ্যাকপটের রূপে ফেরত পাওয়া যায়। যদি প্রতি দিন এক টাকা করে সঞ্চয় করতে পারেন... তবে বুঝবেন যে, আপনি এক টাকা বেশী রোজগার করেছেন। কথায় বলে – একজন বোকাও পয়সা রোজগার করতে পারে... কিন্তু বুদ্ধিমান ব্যক্তিই সেই পয়সা সঞ্চয় করে রাখে। ছোট-ছোট সঞ্চয় আপনার ধনী হওয়ার স্বপ্ন সাকার করতে পারে। যদি

আপনি ধনী হওয়ার স্বপ্ন দেখে থাকেন, তবে আজ থেকেই সঞ্চয় করার পরিকল্পনা করুন। নিয়মিত সঞ্চয় করতে থাকুন। আজকের সঞ্চয় আপনাকে কালকের ধনীর তালিকায় অর্ন্তভুক্ত করতে পারে।

সঞ্চয় করার জন্য অনেক টাকা জমাতে হবে, এমন কোন মানে নেই... সময়ের সাথে-সাথে ছোট-ছোট সঞ্চয় অনেক বড় আকার ধারণ করে। ডিনু এবং বিনু যমজ ভাই ছিল। তাদের দশ বছরের জন্মদিনে তাদের বাবা তাদের নামে 150 টাকা করে ব্যাঙ্কে জমা করে দিয়েছিলেন। এই টাকার ওপর দুজনেই 14% সুদ পাচ্ছিল। 6 বছর পর সেই টাকা ডবল হয়ে গেলে ডিনু সেই টাকা তুলে খরচ করে ফেলল। বিনু সেই টাকা ডবল করার জন্য আবার 6 বছর ব্যাঙ্কে রেখে দিল। বিনু এই ভাবে সেই টাকাকে ডবল করে চলল।

ডিনুর বয়স 21 বছর হয়ে পড়লে সেও ভাবল যে, তারও সঞ্চয় করা উচিত। সে 12% সুদে 500 টাকা ব্যাঙ্কে জমা করে দিল। সে প্রত্যেক 6 বছর অন্তর সেই টাকা ডবল করার জন্য ব্যাঙ্কে জমা করাতে লাগল।

দুই ভাই 58 বছর বয়সে ব্যাঙ্ক থেকে টাকা তুলল। বলতে পারেন, কার টাকা বেশী হবে ? কি বললেন, ডিনুর টাকা বেশী হবে ? একেবারে ভুল... বিনুর টাকা বেশী হবে। সে 38,400 টাকা পায়... কিন্তু ডিনু পায় 32,000 টাকা। এর কারণ হল, বিনু কম টাকা বেশী দিনের জন্য জমিয়ে রেখেছিল... ফলে তার টাকা বৃদ্ধি পেতে থাকে। অন্য দিকে ডিনু বেশী টাকা কম সময়ের জন্য সঞ্চয় করে রেখেছিল... তাই সে ততটা লাভবান হতে পারেনি। তাই বলা হয় যে, ধনী হওয়ার জন্য উপার্জনের আগে সঞ্চয় শুরু করে দিন।

ম্যাজিক অফ্ সেভিং ঃ

ধনী হওয়ার জন্য *'ম্যাজিক অফ্ সেভিং'* সম্পর্কে জানতে হবে। সর্বপ্রথম কথা হল, যে ভাবে সম্ভব সঞ্চয় করে যান। যদি আপনি প্রতি দিন এক টাকা

বাঁচাতে পারেন... তবে বুঝবেন যে, আপনি এক টাকা বেশী রোজগার করেছেন। এই উপার্জনই এক বছরে 365 টাকা হয়ে যায়। আপনি যদি এক দিনে পান-বিড়ি-সিগারেটের পেছনে 20 টাকা খরচ করেন, তবে বছরে সেই টাকা হয় 7,200। এই টাকা যদি 10% হারে জমা করেন, তবে 7 বছর 2 মাস পড়ে সেই টাকা দ্বিগুণ হয়ে যায়। প্রতি মাসে যদি এক হাজার টাকা করে জমা করা যায়, তবে 30 বছর বাদে 3 লক্ষ 60 হাজার টাকা সঞ্চয় হয়। এর পরিবর্তে ব্যাঙ্ক আপনাকে 15 লক্ষ 2 হাজার 517 টাকা দেবে। এই সবই *'ম্যাজিক অফ্ সেভিং'*-য়ের কেরামতি !

এক টাকা সঞ্চয় ঃ

প্রতি দিন এক টাকা করে বাঁচালে বছরে 365 টাকা সঞ্চিত হয়। এই 365 টাকাই যদি 7 বছর রেখে দেন, তবে সেটা ডবল হয়ে পড়বে। এই ভাবে সেটা ক্রমাগত ডবল করতে থাকলে সেই টাকা বৃদ্ধি পেতে-পেতে লাখ টাকারও বেশী হয়ে যাবে। সামান্যতম সঞ্চয় করেও লাখপতি হওয়া যায়। তাহলে আর দেরী কিসের ? যদি লাখপতি হতে চান, তবে আজ থেকেই সঞ্চয় করতে শুরু করে দিন।

ছোট-ছোট সঞ্চয় ঃ

অবহেলা ধনী হওয়ার পথে বাধার সৃষ্টি করে। ধনী হওয়ার জন্য ছোট-ছোট সঞ্চয়ের দিকে দৃষ্টি দিতে হবে। যেমন – বিদ্যুৎ, গ্যাস, পেট্রোল বুঝে খরচ করুন... যতদূর সম্ভব সঞ্চয় করুন। ছোট-ছোট সঞ্চয়ই ধনী হওয়ার চাবিকাঠি হয়।

বিন্দু-বিন্দু হিসাব ঃ

বিন্দু-বিন্দু জলে সিন্ধু তৈরী হয় – এতে কোন দ্বিমত নেই আর এই বিন্দু-বিন্দু জল নির্গত হয়ে সব খালিও হয়ে যেতে পারে। ধনী হতে হলে বিন্দু-বিন্দু অর্থাৎ পাই-পয়সার হিসাব রাখতে হবে। ছোট-ছোট খরচ বা ছোট-ছোট সঞ্চয়ের হিসাব রাখুন... তবেই আপনি ধনী হতে পারবেন।

হাতের ময়লা ঃ

'পয়সা হাতের ময়লা', 'পয়সা আসে আর যায়', *'আজ যা আছে, খরচ করে ফেল... কাল আবার রোজগার করা যাবে'*, *'কালকেরটা কাল দেখা যাবে'* – যারা এই ধরণের কথা ভাবে, তারা কখনোই ধনী হতে পারে না। ধনী হতে চাইলে পয়সাকে হাতের ময়লা মনে না করে তা

হাতের মুঠোতেই বন্ধ করে রাখুন... তবেই আপনি সঞ্চয় করতে পারবেন এবং ধনী হতে পারবেন।

দু দিকের টাকা জমান ঃ

যদি আপনার হাতে দু দিক দিয়ে পয়সা আসে, তবে এক দিকেরটা খরচ করুন আর অপর দিকেরটা সঞ্চয় করার চেস্টা করুন। এই অভ্যাস আপনাকে অবশ্যই ধনী করে তুলবে।

এক স্হানে সঞ্চয় ঃ

বেশী লাভের আশায় নিজের সমস্ত পুঁজি এক স্হানে সঞ্চয় করে রাখলে বিপদে পড়তে হতে পারে। টাকা সর্বদা বিভিন্ন জায়গায় নিবেশ করা উচিত। শুধু তাই নয়, টাকা বদলানোও উচিত... যাতে লাভ পাওয়া যায়, আবার বিপদের সম্ভবনাও তা থাকে! কম হোক্ বা বেশী – কোথাও নিবেশ করার আগে তার সম্পর্কে ভালোমতন জেনে নিন। সঠিক পদ্ধতিতে করা নিবেশ আপনাকে ধনী বানাতে পারে। ভুল জায়গায় অর্থ নিবেশ করলে আপনার সঞ্চিত অর্থ হাতছাড়াও হতে পারে। এক স্হানে নিবেশ করলে আপনি ভালো রিটার্নের সাথে-সাথে সঞ্চয় করার অন্যান্য প্ল্যান থেকেও বঞ্চিত হবেন।

সঞ্চয় করার উপায় ঃ

যখন আপনি সেল বা ডিস্কাউন্ট কুপনের দ্বারা কিছু টাকা বাঁচাতে পারবেন, তখন তা অন্য খাতে খরচ করবেন না... কারণ ডিস্কাউন্ট দ্বারা আপনি টাকা বাঁচিয়েছেন। এই টাকা সঞ্চয় করে রাখুন। যদি বাঁচানো টাকা খরচই করে ফেলেন, তবে আপনার টাকা বাঁচিয়ে লাভ কি? সঞ্চয় করার বিভিন্ন উপায় বুঝতে পারলে আপনি অবশ্যই ধনী হতে পারবেন।

টাকা-পয়সার ভাষা ঃ

যারা টাকা-পয়সার ভাষা বোঝে না, তারা টাকা-পয়সাকে ভালোবাসতে পারে না। টাকা-পয়সা তাদের কাছ থেকে দূরে সরে যায়। আপনি যদি ধনকুবের হতে চান, তবে আপনাকে টাকা-পয়সার ভাষা বুঝতে হবে... টাকা-পয়সার ঝঙ্কার শুনতে হবে... টাকা-পয়সার সাথে কথা বলতে হবে। এরপর টাকা-পয়সা নিজের থেকেই আপনার সাথে কথা বলবে।

যারা এই মৌন ভাষা বোঝেন, তাঁদের ধনী হতে সময় লাগে না।

লোক দেখাবেন না ঃ

অনেকে লোক দেখাতে গিয়ে বহু পয়সা খরচ করে ফেলে। যারা লোক দেখায়, তারা কখনোই ধনী হতে পারে না। ধনী হতে চাইলে লোক দেখানোর থেকে দূরে থাকুন। ধনী ব্যক্তিরা আগে উপার্জন করে... পরে আরাম করার জিনিষ-পত্র কেনে। কিন্তু গরীব বা মধ্যম বর্গের লোকেরা সবার আগে আরাম করার জিনিষ-পত্র কেনে। নিজের শখ পূরণ করে। তার জন্য সে ঋণ করতেও প্রস্তুত থাকে। ঋণ করে ধনী হলে তা লোক দেখানো ছাড়া কিছুই হয় না। লোক দেখানো ধনী হবেন না। সঠিক অর্থে ধনী হওয়ার চেষ্টা করুন।

লেন-দেন যেন পরিস্কার-পরিচ্ছন্ন হয় ঃ

ধনী হওয়ার অন্যতম সূত্র হল, আপনার লেন-দেন যেন স্পষ্ট অর্থাৎ পরিস্কার-পরিচ্ছন্ন হয়। যার থেকে টাকা নেবেন, তাকে সময় মত ফেরত দেওয়ার চেষ্টা করুন। এমন কোন ব্যক্তিকে টাকা ধার দেবেন না, যার থেকে টাকা ফেরত পাওয়া মুশ্কিল হয়ে যায় বা নিজে দায়িত্ব নিয়ে কাউকে টাকা পাইয়ে দেবেন না। এতে আপনার সময় নষ্ট হবে... আপনি মানসিক চাপের মধ্যেও থাকবেন। সঠিক লেন-দেন করাটা ধনী হওয়ার জন্য খুবই জরুরী হয়।

খরচের অভ্যাস ঃ

ধনী হতে চাইলে নিজের খরচ করার অভ্যাস ত্যাগ করতে হবে। মানুষ তার পয়সা দুটি উপায়ে খরচ করে... *'হার্ড মানি'* আর *'সোফ্‌ট মানি'*-র রূপে। আমেরিকার লেখক হেন্‌রী মিলরের মতে – কোন মানুষ যখন দৈনন্দিন জীবনের জিনিষ কেনে, তখন সে এক-একটা টাকার মূল্য বুঝে খুবই সঞ্চয়ের মনোভাব নিয়ে খরচ করে। একে বলে *'হার্ড মানি'*। কিন্তু যখন সে গার্ল ফ্রেণ্ড বা বয় ফ্রেণ্ডের সাথে থাকে... বন্ধুদের সাথে এঞ্জয় করে... আনন্দ স্ফূর্তি করে বা পার্টি দেয় – তখন সে জলের মতন

টাকা-পয়সা খরচ করে। একে বলা হয় *'সোফ্‌ট মানি'*। যদি ধনী হতে চান, তবে টাকা-পয়সার মূল্য বুঝে পাই-পয়সার হিসাব করে খরচ করতে হবে। যারা জলের মতন টাকা খরচ করে, তারা কখনোই ধনী হতে পারে না। খরচের অভ্যাস শোধরাতে না পারলে ধনী হওয়া অসম্ভব।

ডেবিট এবং ক্রেডিট কার্ড ঃ

পকেটে রাখা *'প্লাস্টিক মানি'* ধারে জিনিষ-পত্র কেনার শক্তি দেয়... কিন্তু গ্রেস পীরিয়ডের মধ্যে টাকা শোধ করতে না পারলে সেটার পরিণামও ভোগ করতে হয়। যদি গ্রেস পীরিয়ডের ভেতর টাকা ফেরত দেওয়া সম্ভব হয়, তবে লাভ হবে... কিন্তু গ্রেস পীরিয়ডের পর টাকা দিলে লোকসান হয়। ধনী হতে হলে ডেবিট আর ক্রেডিট কার্ড ব্যবহার করতে জানতে হবে। যদি সেগুলো সঠিক পদ্ধতিতে ব্যবহার না করেন, তবে সেগুলো আপনার ধনী হওয়ার পথে বাধার সৃষ্টি করবে।

টাকা গুনে কখনো সন্তুষ্ট হবেন না ঃ

আপনার কাছে যত টাকা-পয়সাই থাকুক না কেন, সেটা গুনুন আর ভাবুন, এটা কম... আরও পয়সা কোথা থেকে আসবে, তার পরিকল্পনা করুন। প্লানিং করলে নতুন রাস্তা খুলে যাবে আর আপনার কাছে পয়সাও আসতে থাকবে!

ধনী হওয়ার রিং-য়ে নামার আগে

প্রত্যেক নতুন খেলোয়াড়ের

সম্পূর্ণ প্রস্তুতি নিয়েই নামা উচিত!

যে খেলোয়াড় সঠিক

প্রস্তুতি নিয়ে নামে...

সে নিশ্চিত রূপে

জয়লাভ করে!